Mein Wunschzettel

Ein Buch der Verlagsgruppe Husum

....

....

....

....

....

....

....

....

....

Torkild Hinrichsen

Weihnachtsbriefe und Wunschzettel

Vom 18. Jahrhundert bis heute

Husum

Umschlaggestaltung unter Verwendung von Motiven aus dem Buch

Für das Altonaer Museum Hamburg und das Weihnachtshaus Husum
herausgegeben von Alix Paulsen

Bibliografische Information der Deutschen Nationalbibliothek

Die Deutsche Nationalbibliothek verzeichnet diese Publikation in der Deutschen Nationalbibliografie; detaillierte bibliografische Daten sind im Internet über http://dnb.d-nb.de abrufbar.

Der Band erscheint anlässlich der Ausstellungen im Weihnachtshaus Husum (2010/11) und im Altonaer Museum für Kunst und Kulturgeschichte, Hamburg (2011/12).

Sammlungsnachweis:
Altonaer Museum, Abb.: S. 6, 8, 10–15, 17–24, 31, 32, 43–45, 47, 55, 59, 59, 60, 63–73, 75, 77, 80, 81
alle übrigen Weihnachtshaus Husum, Sammlung Alix Paulsen
Fotografien, Bildbearbeitung und elektronisches Bildarchiv für Altonaer Museum: Elke Schneider
Fotografien, Bildbearbeitung und Archiv für Weihnachtshaus Husum: Verlag

Diesem Buch liegt ein Wunschzettel des Weihnachtshauses Husum bei.

Gesamtherstellung: Husum Druck- und Verlagsgesellschaft
Postfach 1480, D-25804 Husum – www.verlagsgruppe.de

ISBN 978-3-89876-526-8

Wünsch Dir was! Wünsch ich mir was? — Verwünschte Wünscherei!

Als die Verlegerin und Sammlerin Alix Paulsen mir im Herbst 2009 von ihrem Vorhaben erzählte, die kommende Weihnachtspräsentation im Weihnachtshaus Husum den Wunschzetteln zu widmen, ergab sich für das Altonaer Museum die Chance, unsere bewährte Zusammenarbeit zur Kulturgeschichte der Weihnachtszeit fortzusetzen und zwei Sammlungen zu vernetzen, die in völlig unterschiedlicher Gewichtung unabhängig voneinander entstanden sind. In gemeinsamer Forschung, Ausstellungen und dieser Publikation werden sie nun aus ihrem archivalischen Schlummer gehoben und der Öffentlichkeit präsentiert. Während Frau Paulsens Sammlung die letzten zweieinhundert Jahre umfasst, geht der Bestand des Altonaer Museums bis ins 18. Jh. zurück und ist in den Anfängen dem Gründungsdirektor Otto Lehmann zu verdanken. Beide Kollektionen befassen sich auch besonders mit Beispielen aus Schleswig und Holstein.

Hildamarie Schwindrazheim, die damalige Hauptkustodin, setzte sich vor einem halben Jahrhundert mit den Altonaer und Hamburger Beständen auseinander und veröffentlichte eine Auswahl im Christians Verlag, Hamburg (1961). Gerhard Kaufmann, Direktor des Altonaer Museums, ließ Beispiele der Altonaer Sammlung 1980 in eine Ausstellung der Dresdner Bank, Hamburg, einfließen. Roland Wohlfart hat für das Museum für Deutsche Volkskunde, Berlin, den dortigen Bestand 1991 in Ausstellung und begleitendem Katalog veröffentlicht (Der braven Kinder Weihnachtswünsche, Berlin 1991), darunter auch Beispiele aus Hamburg und Altona.

Die neuerliche Beschäftigung mit dem Thema sah das Altonaer Museum als Anstoß zu gründlicherer Erfassung des eigenen Bestandes: Inventarisierung, fotografische Dokumentation, Lesen und Transskribieren aller Texte. Ohne die Hilfe vieler, denen wir sehr dankbar sind, wäre die Aufgabe nicht zu bewältigen gewesen.

Wünsche für den (Erwachsenen) U. Stender, 1856. Original-Zeichnung in Bleistift und Feder. Von Otto Speckter, Hamburg

Glücklicherweise war bereits ein Arbeitskreis von Ehrenamtlichen mit der Bearbeitung unserer in „alter“ Schrift geschriebenen Dokumente betraut. Mit großem Fleiß, Eifer und Können nahm die „Sytterlin-Gruppe“ unter Leitung von Sylvia Jodat M. A. sich nun die Transskription aller Texte vor, auch jener aus der Sammlung Paulsen. Regina Meinecke, kollegiale Partnerin in bisher 20 großen Weihnachtsausstellungen, trug mir die Materialmengen in diversen

Leitz-Ordnern „mundgerecht“ zusammen. Elke Schneider fertigte in Museumsqualität alle fotografischen Neuaufnahmen.
Der Husum Verlag hat in bewährter Weise mit vorliegendem Band unseren gemeinsamen Weihnachtsforschungen einen weiteren Baustein hinzugefügt. Alix und Ingwert Paulsen sage ich herzlichen Dank für freundschaftliche Zusammenarbeit durch nunmehr fast 25 Jahre.
Die Übertragung der Texte beider Sammlungen in elektronische Dateien verdanken wir, mit großer Bewunderung für die fachgerechte Bewältigung auch dieser archivalischen Massen, unseren ehrenamtlichen Mitarbeitern: Joachim Büchelmaier, Ulrich Burbass, Horst Dombrowski, Gerdt Einsmann, Manfred Ellenberg, Hans-Georg Fein, Brigitte Haaker, Ingrid Haase, Edith Linow, Christian Regensburger, Ina Schlüter, Helga Schwartz, Lilly Völker, Ingrid Wedemeyer, Marion Weinreich.

Dies Buch handelt von Wunsch-Briefen und „-Zetteln“. In den rund 250 Jahren, die unser Material umfasst, sind Wünschende und Bewünschte vielen Wandlungen unterworfen, die Ziele der Wünsche ändern sich, die Adressaten und vor allem der Inhalt der Wünsche. Diese Wandlungen gelten natürlich auch für die dingliche Spur in die Vergangenheit, die handschriftlichen Weihnachts- und Neujahrswünsche. Diese reiche kulturgeschichtliche Spur wurde verschüttet von ungeheuren Massen postalischer Postkartenwünsche (heute ihrerseits durch elektronische Jahresbriefe fast abgeschafft). Die ideellen brieflichen Weihnachtswünsche der Kinder wurden durch Wunschzettel abgelöst, gerichtet an Christkind oder Weihnachtsmann, die dingliche Erfüllung schon seit mehr als einem Jahrhundert oftmals gesteuert von Kaufhäusern oder dem örtlichen Supermarkt.
Diesen Weg bis hier und jetzt wollen wir verfolgen.

Altona, im September 2010
Prof. Dr. Torkild Hinrichsen
Direktor des Altonaer Museums

Zeichnung u. Verlag Otto u. Erwin Speckter, Hamburg. Johann Cöln an seine Eltern, 24. 12. 1836: Mächtig/ Ist das Licht erschienen, das aus dunkler Nacht/ Heil und Wahrheit, Kraft und Frieden uns hat dargebracht …

Glückwunschbriefe zu Weihnachten und Neujahr

Was aber sind eigentlich Wünsche? Können sie doch ein positives oder auch negatives Ziel haben, Glückwunsch oder Verwünschung sein. Zedlers Universallexikon (Bd. 59, 2201) gliedert die Wünsche 1749 in gute und böse, vernünftige und unvernünftige, gerechte und ungerechte. Hätte er Sigmund Freud als Quelle nutzen können, wären noch bewusste und unbewusste hinzugekommen. Die Glückwunschbriefe der Kinder haben in diesem Sinne ein durchaus positives Ziel, wären sie nicht (freilich nur aus heutiger Sicht) zum Gutteil mit Zwang zustande gekommen, erzieherische Notwendigkeit und Disziplinierungsmittel gewesen, eine Leistungsschau der Lern- und Lehr-Erfolge von Schülern und Lehrern, inhaltlich christlich bestimmt und pädagogisch gesteuert und elterlich, großelterlich oder vom Paten erwartet als sichtbares Zeichen kindlicher Dankbarkeit. Auch von freier Gestaltung inhaltlich und formal kann meist keine Rede sein bei gedruckten Vorlagenheften, gemeinsamem Schreiben in der Schule und reichem Betätigungsfeld für die grafischen Verlage als äußere Bedingungen und kulturgeschichtlicher Rahmen.

Es ist uralte Tradition, anderen zu Weihnachten und Neujahr Glück zu wünschen. Papst Innozenz XII. hatte 1691 zwar den Jahresanfang auf den ersten Januar festgelegt, aber die Erinnerung an ältere Termine zwischen dem 13. Dezember und dem 6. Januar hielten sich zäh im Brauchtum. Diese Zeit zwischen den Jahren war gefüllt mit „altem Aberglauben“, eine gefährliche Zeit, allerdings auch mit der Chance, wie zu Silvester Prognosen über das neue Jahr und das Schicksal der Familie stellen zu können. In diesem Sinn Glück zu wünschen sind die Neujahrswünsche und Weihnachtsbriefe der Kinder zu verstehen. Da seit dem 4. Jh. der Geburtstag Christi auf den 25. Dezember festgelegt war, wurde Weihnachten im Sinne der fast gleichzeitigen Wintersonnwende eigent-

Neujahrswunsch. Zeitgenöss. Holzschnitt nach dem Kupferstich von Meister E. S., um 1520

lich auch als Neujahrsfest verstanden. Auch das Geben von Geschenken hatte sich von Neujahr auf Weihnachten verlagert. Der 1582 eingeführte Gregorianische Kalender hatte zwar Weihnachts- und Neujahrfest voneinander getrennt, aber die großen Glückwunschblätter des 18. Jh. betrafen anfänglich beide Feste zugleich. Seit Mitte des 19. Jh. betreffen die Wünsche dann zunehmend fast nur Weihnachten.

Die Weihnachts- und Neujahrsbriefe des 18. und 19. Jh. sind Schmuckdokumente, mehr oder weniger aufwendige Druckgrafiken, meist in großem Format, die käuflich erworben, von den Kindern handschriftlich vervollständigt wurden, in der Frühzeit mit ellenlangen, frommen Texten, später oft nur mit Namen vom Schenker und Beglückten sowie der Jahreszahl. Sie wurden in den bürgerlichen Familien oft wie Andachtsblätter wertgeschätzt und aufbewahrt, mitunter auch gerahmt an die Wand gehängt. Sie lassen sich bis ins erste Viertel des 18. Jh. in dieser Art zurückverfolgen und sind ein ausgesprochen protestantisches, norddeutsches Phänomen. Dabei waren gedruckte Neujahrswünsche schon seit den frühen Tagen der Druckgrafik verwendet worden. Bekannt sind die Blätter vom Meister E. S., wo mit Christus zwischen Rosen „ein guot selig ior“ gewünscht wird, was mit den handschriftlichen Widmungen des Schenkers verbunden gewesen sein dürfte: „wer jesus in sinem herzen tregt, de mist alle zit die ewig froed beraeit“. Meist wird es sich um weniger aufwendige, einfache Holzschnitte gehandelt haben, die ebenso als gemeinsames Andachtsbild von Absender und Empfänger verstanden werden müssen, die gewiss keine Kinder mehr waren.

Die grafischen Techniken der Blätter

Die grafischen Drucktechniken dienten der Vervielfältigung eines künstlerisch gestalteten Bildes, eventuell mit zugehöriger Schrift. Die seit dem 18. Jh. uns erhaltenen entsprechenden Wunsch-Bögen suchen den Eindruck eines Unikats zu vermitteln, das schließlich durch die handschriftlichen Ergänzungen ohnehin vorliegt. Mögen wie in billigen Bilderbögen des 19. Jh. und den frühen Glückwünschen des 18. Jh. relativ einfache Holzschnitte vorgeherrscht haben, wohlfeil durch die recht hohe Auflagen, erlauben Kupferstich und Radierung entschieden feingliedrigere Bildgestaltungen, freilich auf Kosten wesentlich weniger möglicher Abdrucke der Platten und damit verbunden höherer Preise, die nicht für jeden erschwinglich waren. Diese schwarz-weißen Drucke gab es wie andere dekorative Grafik auch in drei Qualitäten, unfarbig oder illuminiert, letztere farbige Ausmalung in Wasserfarben zu zwei Preisstufen, die sorgfältige Handillumination und eine gröbere mit Schablonen, die die Bildkonturen nicht immer trifft und die Farben flächiger und unmodelliert aufträgt. Sehr hohe Auflagen ermöglicht dann der Steindruck, die Lithografie, die ebenfalls farbig ausgemalt sein kann. In der Endphase der Wunschbögen steht die Xylografie als universelle, billige Technik der Bildmultiplikation für Zeitschriften und Bücher ebenso zur Verfügung wie der chromolithografische Farbdruck, der für aufgeklebte Oblaten und Bildpostkarten sorgte, in zuvor nie erreichter vielfarbiger, ölfarbenartiger malerischer Wirkung.

An den Hamburger Werkstätten und Verlagen für Wunschbriefe lässt sich diese Entwicklung zu größeren Auflagen

Unbek. Verlag. Farblithografie, Prägedruck um 1910. Engeline an die Eltern: Wieder hat den Tannenbaum/ man geschaut mit hellen Kerzen;/ komme süßer Weihnachtstraum,/ huldreich auch in unsre Herzen …

Verlag u. Stecher unbekannt. Kupferstich mit 2 Textvarianten und unterschiedlicher Illumination. Handschrift von Hanns Wullenweber, Lockstädt, 24. 12. 1810: Werthgeschätzte Aeltern/ Mit lust und freude eilet wieder der frohe Tag// Handschr.: Daher erneut heut Eure Jubel-Lieder, und bringt Gott Lob, Preis und Ehr/ Wer kann sich größre Liebe denken, als die, die Gott uns hier bezeugt/ Uns Christus seinen Sohn zu schenken, der uns den Weg zum Himmel zeigt./…

Dito 1811: Werthgeschätzte /Aeltern/ Mir ist/ Gott in seiner// Handschr.: Von Hanns Wullenweber/ Lockstädt, 24. 12. 1811: Liebe, doch so ermüdet Treue/ Der erwecket mein Gemüthe zum Gefühl der Dankbarkeit,/ Und ich preise Gottes Güte bey der frohen Weihnachts Zeit,/…

und einfacherer Drucktechnik gut ablesen: Arbeitet die Pingeling-Werkstatt ausschließlich in der herkömmlichen Tiefdrucktechnik mit Kupferstich und Radierung, lässt Stöttrup für sein Unternehmen bereits Ende der 1820er-Jahre bewährte Motive beim Steindrucker Cranzz u. Co. in Lithografien umarbeiten. Lange hält sich freilich trotz dieser technischen Neuerungen der Kupferdruck für die Initiale auf Seite zwei. Die Blätter von Otto und Erwin Speckter sind Lithografien aus eigener Anstalt, die nach Erlöschen des Privilegs von Peter Suhr 1828 eröffnete. Letzte Höhepunkte solcher Wunschbriefe in Steindruck fertigen in den 1860er-Jahren die lithografischen Anstalten von G. F. Wurzbach in Altona und D. M. Kanning in Hamburg.

Die Briefe waren in der Frühzeit, dem letzten Viertel des 18. Jh., oft nur einseitig, dann im 19. Jh.

meist Doppel-Bögen, im Rücken gefalzt zu einem vierseitigen Heft. Dessen Vorder- bzw. Außen- und Titelseite vereinigt den größten Aufwand von Künstler, Grafiker, Drucker und Verlag und im Laufe des 19. Jh. zunehmend einen immer kleineren vom kindlichen Nutzer, der schließlich nur seinen Namen, den Adressaten (z. B. Vater oder Mutter) und die Jahreszahl handschriftlich dort einzufügen braucht, was die Möglichkeit des Verderbens der prächtigen Gesamtwirkung durch ungeübte kindliche Hand minimiert. Diese Vorderseite zeigt meist einen ornamentalen oder architektonischen Rahmen mit eingefügten Bildkartuschen allegorischer oder biblischer Art, bei jüngeren Bögen im 19. Jh. oft in Kombination mit entsprechenden Szenen aus der bürgerlichen Weihnachtsstube. In diesem Rahmen prangt in meisterlicher, gedruckter ornamentaler Schrift der Hauptspruch des Bogens, oft in den verschiedensten Schrifttypen gehalten und Erinnerungen bergend an die Schreib- und Rechenmeister des Barock und Rokoko mit ihrer zur Kunst erhobenen Kalligrafie. Bei manchen Bögen des 18. Jh. haben tatsächlich solche Schreibmeister die Schrift entworfen und dem Bildrahmen des zeichnenden Künstlers eingepasst. Mitunter signieren sie wie Zeichner, Stecher und Verlag. Beispielsweise war in Hamburg tätig der Schreibmeister Christopher Diederich Westphalen (1728–1814), Lehrer an der Petrikirchen-Schule, der für

Weihnacht!
tönt der Glocken Festgeläute, …
seinen theuren Eltern widmet voll Dankbarkeit diese Zeilen
Otto Schröder, Altona, 24. Dec. 1849

Stecher u. Verlag: Pingeling, Hamburg. Schreibmeister unbekannt. Kupferstich u. Radierung. Handschr. von Johannes Soltau, Hamburg, 24. 12. 1806 . – S. 2: Gott/ läßt uns abermal ein Jahr in Segen enden:/ Handschr.: Mit gnadenvoller Huld war er uns zugethan./ Der Hocherhabene, der Herrscher aller Welten/ Nahm mit allmächt'ger Hand sich unsrer Wohlfahrt an./…

die bedeutende Offizin Pingeling arbeitete und an berühmte Kollegen anknüpfte, wie Johann Neudörffer in Nürnberg (um 1540), J. J. Roschi in Bern (1789) oder Christian Brummer in Basel (1729). Auch hatten diese Spezialisten Vorlagebücher, Alphabete und Anweisungen für die Schreibkunst veröffentlicht. Des Faches „Schreiben“ nahmen sich in manchen Gymnasien ebenfalls Schreib- und Rechenmeister an, wie Jürgen Kroymann, der 1814 mit 80 noch im Altonaer Christianeum aktiv war, im 62. Amtsjahr stand und von seinem Sohn nachgefolgt wurde. Noch 1844 heißt es in dortiger Schulordnung: „Vernachlässigt ein Schüler seine Handschrift, so wird derselbe, auch wenn er schon den höheren Classen angehört, angehalten werden, Privatstunden im Schönschreiben zu nehmen.“ Bei einem 1826 in Hamburg ausgeschriebenen Weihnachts-Bogen vom Zeichner und Stecher Andreas Stöttrup signiert als Gestalter der Initiale Andreas Grüning, der in Altona als Stadtschullehrer tätig und seit 1808 Professor für Kalligrafie und Mathematik in Mecklenburg war.

Im Ganzen ist die Erscheinung der Vorderseite die eines kirchlichen Epitaphs mit architektonischem Rahmen um eine in Zeilen aufgebaute Schrift. Das Ganze erzeugt eine Art sakraler Andacht, verdeutlicht so den religiösen, festlichen Anlass.

Die zwei Innenseiten des Briefbogens, das mühselige Betätigungsfeld der Kinder, leitet oben links oft eine prächtige kalligrafische Initiale mit allerlei Bildzier ein. Die hintere Außenseite bleibt meist leer.

Vorlagehefte und Lehrer als Dichter

Die gedruckten Texte der Weihnachtsbriefe des 18. und frühen 19. Jh. stammen in ihrer christlich frommen Süße offenbar von Pastoren, Lehrern oder Küstern. Dieser Stil setzt sich ganz unkindlich im handschriftlichen Teil fort. Dies ist vorformulierten Texten zu danken, die vom Schullehrer zu erwerben waren. Es ist wohl auszuschließen, dass Eltern oder gar die Kinder selbst sich solche textlichen Gebrauchsanweisungen zulegten. Frühe Beispiele gedruckter Textvorlagen sind die in Hamburg seit 1831 erschienenen mindestens sieben Jahres-Hefte, „entworfen von Johannes Buck, Schullehrer“, die bei August Wilhelm Philippeau gedruckt wurden: „Worte der Freude und des Dankes zur Weihnachts-Feier und zum Wechsel des Jahres den theuren Eltern gewidmet von ihrem Kinde“. Darin werden Gottes Wohltaten, der den Menschen seinen Sohn gesandt, verknüpft mit den Wohltaten, die dem Kinde im vergangenen Jahr durch seine Eltern erwiesen wurden. Ihnen wird Gesundheit, Wohlergehen usw. gewünscht, das Kind gelobt im Gegenzug Fleiß, Folgsamkeit, anständiges Betragen. Die Seite 4 dieser Doppelblätter wiederholt den Prosatext in Versen: „Zu Dir erhebt sich heut mein Flehen/ Am schönsten Fest der Christenheit;/ Du sollst auf das erhörend sehen,/ Was Kindes Herz den Eltern weiht.... Sie sorgte, ähnlich Deinem ew’gen Bilde,/ Mit treuer Liebe für mein wahres Glück;/ Sie führten gern, mit immer gleicher Milde,/ Von jedem Irrweg warnend mich zurück;/ Sie boten täglich neue Freude/ Dem Kinde, das sie liebten dar;/ Sie linderten die kleinen Leiden,/ Sie schufen mir ein fröhlich Jahr ...“

In großbürgerlichen Familien, die sich einen Hauslehrer erlauben konnten, war dieser für Inhalt und Ausführung der Prozedur verantwortlich. Der Schriftsteller Hermann Sudermann, in seinen Anfängen um 1880 in Berlin als Hauslehrer für die Kinder des Dichters Hans Hopfen tä-

Titelseite eines Vorlagenbuches mit Neujahrswünschen von dem Stadtschullehrer H. A. Hansen aus dem Jahre 1837

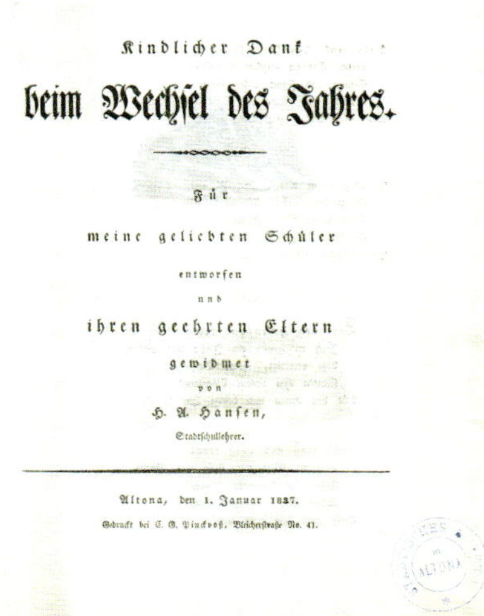
Kindlicher Dank

beim Wechsel des Jahres.

Für

meine geliebten Schüler

entworfen

und

ihren geehrten Eltern

gewidmet

von

H. A. Hansen,

Stadtschullehrer.

Altona, den 1. Januar 1837.

Gedruckt bei C. G. Pinckvoß, Bleicherstraße No. 41.

tig, war auf solche Vorlagen nicht angewiesen: „Von meinen Schülern hatte ein Jeder sein Glückwunschgedicht prompt von mir geliefert erhalten. Dass sich ‚Flocken' und ‚Glocken', ‚Heilige Nacht' und ‚Engelwacht' schlagkräftig in ihnen reimten, versteht sich für jeden von selbst, der in dieser Branche bewandert ist. Sie waren unter meiner Aufsicht auf köstliche Bogen niedergelegt und stockungsfrei auswendig gelernt worden. Ich durfte der großen Stunde ohne Bangen entgegenharren." (Sudermann 1922)

Die schönsten Weihnachts- und Neujahrslieder, E. Berndt, Buch- und Musikversand, Berlin-Wilmersdorf

Die Schwabacher'sche Verlagsbuchhandlung in Stuttgart gab neben allerlei anderen Heften zur praktischen Lebenshilfe auch eine Textsammlung zu Weihnachten und Neujahr heraus: „L. Gross: Wie schreibe ich meine Weihnachtsgrüße und Neujahr-Glückwünsche, 100 Original-Hilfsverse", das Ganze für 25 Pfennige. Der Verlag verfügte auch über andere Erfolgsprodukte wie „In kurzer Zeit zum Bauchredner", „Die Schule des Lebens", „Der neue Hauspoet", „Praktisches Kochbuch: Der Weg zum Mannesherzen" usw. Fein war unterschieden in verschiedene mögliche Adressaten, und das Ganze wendete sich an erwachsene Bedürfnisse: an die Eltern, die jungverheiratete Tochter, die Schwester, Braut oder Bräutigam, Rekruten usw. Allerdings gab es auch „der Kinder Dank für Geschenke".

Die Dürr'sche Buchhandlung in Leipzig beglückte mit „Kinder-Glückwünsche Weihnachten und Neujahr. Eine Sammlung ausgewählter Festgedichtchen mit Originalbeiträgen von Frida Schanz und Ottilie Wildermuth", das um 1900 bereits in 34. Auflage erschien.

G. Amelang, Neue Glückwünsche und Gedichte für Weihnachten, Enßlin & Laiblin Verlag, Reutlingen, 6. 12. 1935

Künstler, Druckereien und Verlage

Die frühen künstlerisch aufwendigen Bogen lassen sich zum Gutteil Hamburger und Altonaer Künstlern, Stechern, Lithografen, Werkstätten und Verlagen zuordnen.

Werkstatt Pingeling

Die bedeutendste Werkstatt ist ohne Zweifel die von Pingeling. Von hier stammen die meisten noch erhaltenen Bogen in Kupfertiefdruck. Die Pingelings sind Vater und Sohn, Gottfried Christian Pingeling (1680–1769) und Thomas Albrecht Pingeling (1727–1803). Aus der Schule Berningeroths in Leipzig hervorgegangen, siedelte der Ältere zwischen 1719 und 1724 nach Hamburg über. Die Kupferdruckwerkstatt, vom Sohn weitergeführt, fertigte hauptsächlich Landkarten, Porträts und Prospekte für Absatzgebiete auch in Schleswig und Holstein. Einmal erfolgreich, hatten die Vorderseiten der Wunschblätter dieser Werkstatt viele Auflagen in unveränderter Form, so ist ein um 1764 entstandener Entwurf unter Beteiligung des assoziierten Schreibmeisters Gabriel Christopher Stäcker noch 1826, also nach mehr als 50 Jahren, verwendet worden. Allerdings variieren dabei die Initialen auf der Innenseite, vom jüngeren Pingeling gestaltet, zeigen sie sogar aktuelle Stadtveduten, etwa die Türme von Hamburg oder Alster mit Jungfernstieg. Zu klären, inwieweit die zeichnerischen Entwürfe von den Stechern selbst stammen oder von einem der zahlreichen Mitarbeiter, auch weiteren Familienmitgliedern, würde umfänglichere vergleichende Studien erfordern.

Schreibmeister: Gabriel Christopher Stäcker. Stecher: Pingeling. Kupferstich u. Radierung, Nutzung: 1774 und 1792

Werkstatt Stöttrup

Von gleicher vorzüglicher Qualität und Bedeutung sind die Arbeiten aus der Werkstatt Stöttrup, auch diese von Vater und Sohn betrieben, deren Arbeiten sich oft nicht persönlich zuordnen lassen. Andreas Stöttrup (1754–1811) hatte an der Kopenhagener Akademie studiert. Seit 1774 war er in Hamburg tätig, vor allem als Kupferstecher. Seinem Sohn, Christian Andreas Georg Stöttrup (1789–1835), begegnen wir seit 1815 als Zeichner und Kupferstecher in Altona. Er arbeitet bereits mit Lithografien für die Vorderseite, während seine meisterhaften Initialen für Innen weiter von Kupferplatten aus einem zweiten Druckgang stammen. Ein 1827 ausgeschriebenes Exemplar birgt eine feine Vedute mit Hamburgs Befestigungen und dem Michel. Als Schreibmeister ist mitunter Andreas Grüning, Stadtschullehrer in Altona und späterer Professor der Kalligrafie, beteiligt.

Schreibmeister C. D. Westphalen. Kupferstich u. Radierung. Handschr. Conrad Kraefft, Hamburg 1909: rühme und ehre/ heute lobsingend dem Herrn aller Herrn/ der uns so treu und so gütig bedacht./…

S. 2 von Abb. S. 18: Zeichnung, Stich u. Verlag: Pingeling. Initiale gez. von Pingeling jun.: Alles was Odem hat// Handschr.: von Conrad Kraefft, Hamburg 1809

Unten: Zeichnung Friedrich Grüning. Radierung u. Verlag Georg Stöttrup, Hamburg: Millionen Zungen ertönen. Handschr.: G. C. H. Röhrs, Altona, 1. Jan. 1821: zu jubelnder Freude zu krönen das heut uns begegnende Jahr …

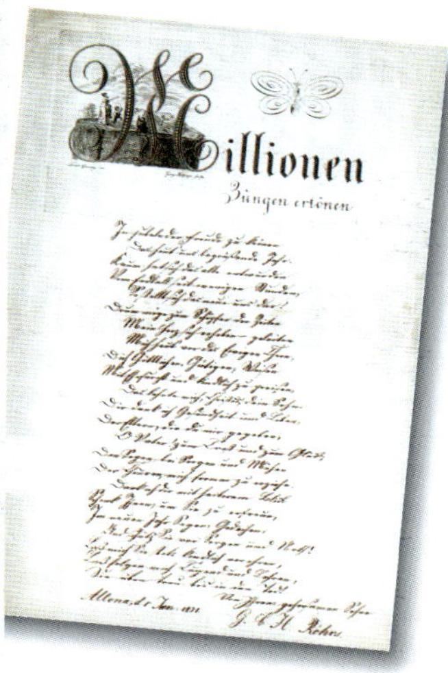

Otto Speckter und Umkreis

Viele Druckhäuser und norddeutsche Künstler der Zeit um 1800 werden sich der Erfolg versprechenden fast sicheren Absatzmöglichkeiten von Weihnachtsbogen nicht entzogen haben, wenngleich das wenige Erhaltene der großen Menge an Druckbogen ein schiefes Bild abgibt. Hamburger Weihnachtswünsche sind jedenfalls in den 1830er- und 1840er-Jahren gefertigt worden von großen Namen wie Peter Suhr (1788–1857), Gerdt Hardorff d. J. (1800–1834) und von den Brüdern Erwin (1806–1834) und Otto Speckter (1807–1871). Die Speckterschen Blätter gehören zu den schönsten überhaupt, nicht zuletzt durch Eingeben neuer künstlerischer Impulse der Romantik im Stile Philipp Otto Runges oder dekorative Grotesken, wie sie Erwin Speckter für künstlerisch ausgemalte Zimmer verwendete, die reiche Hamburger Bürgerhäuser etwa der Familien Sieveking oder Abendroth schmückten. Die Speckters schaffen es auch, Elemente der Pompejanischen Wandmalerei mit Weihnachtsmotiven zu kombinieren, die in diesen Bogen erstmals auftreten, geschmückte Weihnachtsbäume mit daran und darin tätigen Putten. In solchen Blät-

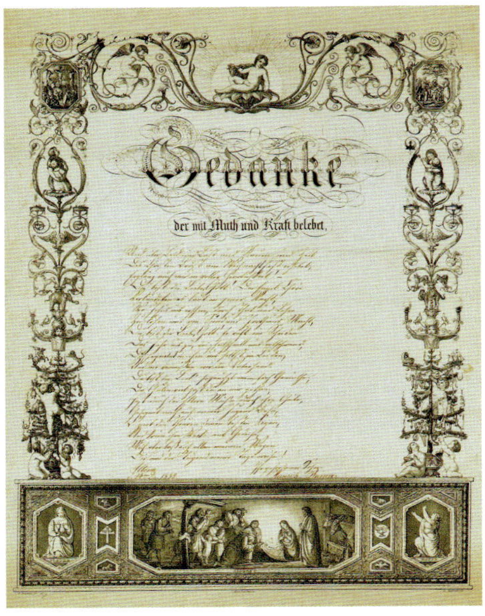

Zeichnung u. Verlag: Otto u. Erwin Speckter, Hamburg, Lithografie: Gedanke, der mit Muth und Kraft belebet//Handschr. von Heinrich Reimers, Altona, 24. Dez. 1832: Und über Leid und Lust und Raum und Zeit/ Des Christen Brust am Weihnachtsfest erhebet,/ Erglänz auch mir in voller Herrlichkeit!–/…

Zeichnung u. Verlag Otto Speckter, Lithografie 1838. Parallelszenen zum 25. Jahrestag der Vertreibung der Hamburger unter französischer Besatzung 1813. Li. o.: Bittgang der Bürgerkommission zum Kommandanten

Zeichner: Erwin Speckter, Verlag Otto Speckter. Lithografie in Farben. Bildfeld mit Hamburgs Stadtsilhouette. Hamburg um 1840. Unbeschrieben. Kein Wunscheindruck

tern der 1840er-Jahre findet sich auch das „deutsche“ Weihnachtszimmer in lutherscher Familiengemütlichkeit, aber auch Veduten neuester technischer Errungenschaften, wie der Bergedorfer Bahnhof Chateauneufs von 1842.

Die Lithografen

Das lithografische Verfahren ermöglichte (ohne die Einbußen einer sich abnutzenden Tiefdruckplatte) sehr hohe, schneller gedruckte Auflagen und damit weit niedrigere Preise, was eine „Demokratisierung“ der Weihnachtsbogen bedeutete, die nun auch für finanziell schwächer ausgestattete Bürgerfamilien in Frage kamen, sowie klassenweisen Erwerb durch die Lehrer für ihre Schüler. Während auch große Künstler wie die Speckters sich früh der Technik bedienen, ist das Zeitalter der lithografischen Anstalten eingeläutet, mit gleichzeitigem Abflauen der Qualität der Weihnachtsbogen. Das Verfahren erlaubte allerdings die Imitation anderer Techniken wie Federzeichnung oder flächige Schattierungen, wie sie zuvor nur durch Illumination möglich gewesen war, und schließlich mit der Chromolithografie auch vielfarbigen Druck.

Wichtige Firmen sind für unseren Zusammenhang Wurzbach in Altona und Kanning in Hamburg. David Martin Kanning (1806–1884) gründete sein Institut 1844. Er produzierte neben Weihnachtsbogen auch Bilderbogen und Ausschneidebogen. 1878 übernahm die Buch- und Zeitungsdruckerei J. F. Richter die Firma. G. F. Wurzbach fertigte seit 1833 Bilderbogen. Mit seinen Weihnachtsbogen orientierte er sich an Wurzbach.

Die Sammlungen von Husum, Altona und dem Museum für Deutsche Volkskunde, Berlin, mit ihren zusammen etwa 600 Wunschbogen enthalten noch Exemplare weiterer Hamburger und mehrerer Berliner Firmen. In Hamburg: Krüger & Nienstedt (gegr. 1889), A. H. Meyer Wwe., August Wilhelm Philip-

Lithografie: Lithogr. Anstalt von G. F. Wurzbach in Altona. In floralem Rahmen Bildmedaillon. Unten: Bürgerliche Weihnachtsstube. Um 1850

paux; und in Berlin: Julius Stentz (vor 1844 gegr.), Alfr. Hilpert (vor 1890), Ferd. Ashelm (gegr. 1967), Charles Lehmann (um 1846), Paul Geisler (gegr. 1877). Dass offensichtlich Hamburg Zentrum und Ursprungsort für die Wunschbogen gewesen ist, heißt bei deren Verbreitung in weiten Teilen Norddeutschlands keineswegs, dass nicht auch an anderen Orten Druckereien sich dem Erfolg angeschlossen hätten, etwa Verlage und Druckereien für Bilderbogen und Luxuspapier. Hier täte eine tiefschürfende, langwierige Untersuchung not. Ein Hinweis auf die Grenzen der Verbreitung und Hersteller mag die umfangreiche grafische Sammlung des Freilichtmuseums in Detmold sein, die keine Weihnachtswünsche birgt.

Zeichnung u. Lithografie: G. M. Kanning. Verlag: D. M. Kanning. Hamburg um 1850. Weihnachtsstube eingefasst von biblischen Szenen. Unbeschrieben

In der zweiten Hälfte des 19. Jh. eröffnet die Lihografie mit ihren preisgünstigen Drucken für Künstler und Verlage auch die Möglichkeit, mit ortstypischen topografischen Einsprengseln zu arbeiten oder auf Jahrestage lokalhistorischer Ereignisse einzugehen. Hamburg-Panoramen hatte es schon in den Kupferdruck-Initialen der Werkstatt Pingeling gegeben. Otto Speckter verwendet nun eine Hamburg-Ansicht in ornamentalem Schmuckblatt als einzige Bildszene und greift 1838 den 25-jährigen Jahrestag der „Vertreibung der Hamburger“ während der französischen Besatzung 1813 auf.

Der Kauf der Blätter

Buchhandlungen und Schreibwarengeschäfte boten in der Vorweihnachtszeit die Bogen in verschiedenen Qualitätsstufen und Preisklassen an. Denkbar sind auch Glaser und angeschlossene Einrahmungsgeschäfte, die auch populäre Druckgrafik als Wandschmuck anboten. Einfache Bogen dürfte es wie Bilderbogen auch in den Buden auf dem Jahrmarkt zu Weihnachten und bei fliegenden Händlern gegeben haben. „A. Stein", hinter dem sich die Verfasserin Margarethe Wulff in Berlin verbirgt, hat um 1870 in ihrem „200 Sonntage oder Tagebuch dreier Kinder", das von drei erdachten Geschwistern verfasst sein soll, das Zeremoniell um die Weihnachtsbogen beschreiben lassen. Otto und Bruder Wilhelm gehen einkaufen: „Am Nachmittage gingen wir aus, Wilhelm und ich, Neujahrswünsche zu kaufen. Wir haben schon lange gespart, damit wir das könnten. Für Mama fanden wir einen allerliebsten Wunsch ... am Mittwoch noch einen für Tante Susanne ..."

Das Schreiben von Weihnachtswünschen in der eigenen Kindheit, als Sechsjährige in einer Berliner Mädchenschule, beschreibt 1949 die Lehrerin und Journalistin Agnes von Zahn-Harnasck (1884–1950) als 75-Jährige für den RIAS- Frauenfunk. Nach sechsmonatigen Schreibübungen : „... und dann kam der große Tag Mitte Dezember, wo der Weihnachtsbogen geschrieben werden sollte. 50 Pfennige hatte man dafür mitzubringen, denn in höchst exclusiven und preußisch reglementierten Schulen war es natürlich nicht gestattet, dass jedes Kind sich einen beliebigen Bogen mitbrachte, etwa bunt mit Weihnachtsmännern, Glocken und Glimmerstaub und mit Zwergen geschmückt. In Grunde fand ich diese bunten Bilder herrlich, aber ich ahnte zugleich, dass sie ordinär wären – Kitsch, wenn es das Wort damals schon gegeben hätte. Uns wurde nur ein glatter, weißer Bogen mit einer gepressten weißen Kante zugebilligt. Erst in den oberen Klassen durften die Rosen dieser Kante leicht mit Gold und Silber überhaucht sein und auf durchbrochenem Grund stehen. Mir schien das der Gipfel der Eleganz und zarten Schönheit. Unser Bogen war schlicht und fest und wurde an dem feierlichen Tage von der Klassenlehrerin, Fräulein Winkelmann, persönlich ausgeteilt. Wir saßen weiträumig auf den Bänken. Die Tintenfässer waren frisch gefüllt, und ich war damit wenigstens der Gefahr enthoben, gleich beim ersten Eintauchen einen zwar interessanten, aber der Schönschrift sehr abträglichen schwarzen Bodensatz aufzurühren, der sich häufig dann bei mir durch eine ganze Schriftzeile zog. Die frische Feder war sachgemäß angeleckt und mit dem Tintenwischer wieder trocken gerieben worden. Fräulein Winkelmann hatte die Bogen sorgfältig liniiert, und nun schrieb sie mit schwungvoller und doch korrekter Schrift das Titelblatt an der Tafel vor: Den lieben Eltern zum Weihnachtsfeste 1890, dargebracht von ihrer dankbaren Tochter NN …“ (zit. n. Wohlfart 1991)

Verlag u. Zeichner unbek. Briefbogen mit Chromolithografie a. d. Vorderseite. Elisabeth an die Eltern, Weihnachten 1900: Welch liebliches Gefunkel,/ Welch' helle Lichterpracht/ Strahlt mitten durch das Dunkel/ Der kalten Winternacht?/…

Auch Monica Hunnius (1858–1934) berichtet über den Erwerb, begleitet vom Kindermädchen: „… Ich hatte für meine Eltern ein Gedicht auswendig gelernt, dessen ersten Vers ich mit mühsam steifen Buchstaben auf ein ‚Wunschpapier‘ geschrieben hatte. Diese Wunschpapiere zu Weihnachten einzukaufen, war ein herrliches Erlebnis. Es war ein feierlicher Augenblick, wo wir unter den Flügeln unserer alten Wärterin in den Laden gingen. Jedes sein Geldstück in der Hand. Wir wählten in der größten Aufregung und konnten uns immer nicht zum Einkauf entschließen, bis unsere Wärterin für uns endlich die Entscheidung traf …“(zit. nach Weber-Kellermann 1978)

Ausfüllen und kalligrafische Mühen

Der in Kupfer gestochene oder radierte monumentale Schmuckbogen des 18. Jh. entwickelte sich aus handgeschriebenen, kalligrafischen Vorgängern, die eine Weile noch nebenher angefertigt werden, beide mit einem ornamentalen oder architektonischen Rahmen. In diesen erfolgt der handschriftliche Texteintrag einschließlich der Zierschriften der Überschriften; bis der gedruckte Anteil immer größer und die persönliche Fortsetzung immer kürzer wird.
Wenn auch gegen Ende des 19. Jh. der vornehmliche Zweck nicht unbedingt eine Leistungsschau der Kinder in Kalligrafie mehr war, sondern eher in Sorgfalt und Schönschrift, ist das Ausfüllen des Bogens doch mit so hohen Erwartungen, auch an das eigene Können, verknüpft, dass daraus für die meisten, vor allem wenn die Prozedur gemeinsam in der Schule erfolgt, ein wahrer Schrecken vor Versagen und Tintenkleksen oder Verschreiben erwächst. Berend Goos (1815–1885) erinnert sich: „Von einer besonderen Feierlichkeit war noch das jährliche Schreiben von Weihnachtswünschen, die dann jeder Schüler für seine Eltern mit nach Hause nahm. Diese Wünsche, vom Oberlehrer verfasst, und daher alle gleichlautend, wurden in der zweiten Classe auf feinen Schreibbögen, mit rothen, grünen und blauen Rändern umsäumt, geschrieben, in der ersten Classe waren dies Bögen des feinsten Postpapiers, nur mit Goldschnitt versehen. Die Angst aber, mit der solche Wünsche angefangen wurden, wie zitternd und zagend die ersten Worte: ‚geliebte Eltern' auf dem Papier entstanden, nachdem die Feder zwei bis drei Mal auf dem Vorlegebogen versucht worden war, und die Vorsichtsmaßregeln gegen Dintenklekse oder fehlerhafte Buchstaben sind mir bis heute auf's Deutlichste erinnerlich und, wenn wir nur halb so viel Angst und Sorge gehabt, die Gelöbnisse dieser Weihnachtswünsche zur That werden zu lassen, so hätte es lauter Mustersöhne in unserer Schule gegeben, aber wenn denn endlich das letzte Wort dankbarer Sohn etc. ohne Dintensprützen dastand, dann mochte uns wohl ein ähnliches Gefühl, wie

den Wilhelm Tell, nachdem er den Apfel von seines Sohnes Kopf geschossen, erleichtern ..."(zit. n. Weber-Kellermann 1978)
Es wird natürlich einige Male geübt, bis Schriftbild und Einteilung der Seite und die Zeilenenden stimmen. Charlotte Niese, Tochter eines Pfarrers in Burg auf Fehmarn, denkt mit Schrecken an die Aufregung zurück, ihren nur in einem Exemplar existierenden Bogen durch Ungeschick zu verhunzen:
„Denn wenn das Lied mit unendlicher Sorgfalt und vielem Gestöhn fast ganz abgeschrieben war, dann kam ganz von selbst auf der letzten Seite ein großer Tintenklecks. Wenn man ihn zuerst erblickte und sich die Haare auf dem Kopfe vor Entsetzen sträubten, dann war man fest davon überzeugt, niemals wieder im Leben froh werden zu können. Darauf leckte man den Klecks ab, radierte ihn energisch aus, und wenn nun der Vergissmeinnichtbogen ein kugelrundes Loch mit schwärzlicher Umgebung zeigte, dann betaute man das ganze Werk mit vielen Tränen. Nein, es ist keine Kleinigkeit, ein solches Weihnachtslied abzuschreiben ..."(Niese 1897)

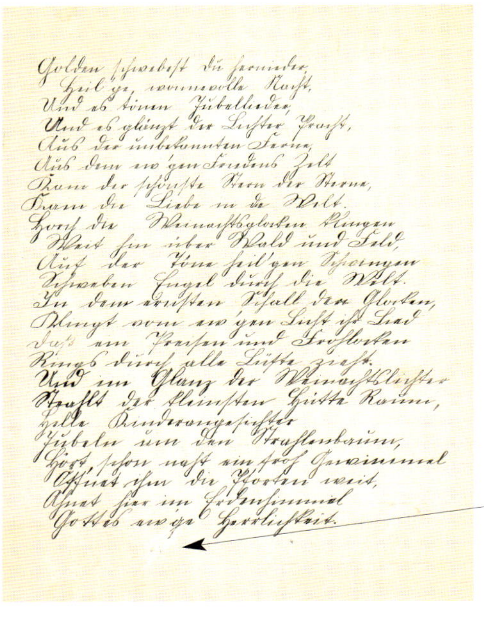
Golden schwebst du hernieder,
Heil'ge, wonnevolle Nacht,
Und es tönen Jubellieder,
Und es glänzt der Lichter Pracht,
Aus der unbekannten Ferne,
Aus dem ew'gen Freudens Zelt
Kam der schönste Stern der Sterne,
Kam die Liebe in die Welt.
Horch die Weihnachtsglocken klingen
Weit hin über Wald und Feld,
Auf der Töne heil'gen Schwingen
Schweben Engel durch die Welt.
In dem ernsten Schall der Glocken,
Klingt vom ew'gen Licht ein Lied
Das in Freuden und Frohlocken
Rings durch alle Lüfte zieht.
Und im Glanz der Weihnachtslichter
Strahlt der kleinsten Hütte Raum,
Helle Kinderangesichter
Jubeln um den Strahlenbaum,
Hört, schon naht ein froh Gewimmel
Öffnet ihm die Pforten weit,
Ahnt hier im Erdenhimmel
Gottes ew'ge Herrlichkeit.

Hier wurde der unter der letzten Textzeile entstandene Klecks so hartnäckig radiert, dass ein kleines Loch von diesem Missgeschick noch heute Zeugnis gibt.

Die Rolle der Schullehrer

Hauslehrer oder staatliche Pädagogen spielten bei den Weihnachtswunschbogen eine bedeutende Rolle. Oftmals sind sie Verfasser der einheitlichen Texte für die Klasse, manche gaben sogar gedruckte Vorlagensammlungen heraus. Meist sorgen sie auch für die zentrale Beschaffung der Bogen für ihre Klasse, vermutlich mit entsprechender Provision des Handels. Die spätere Schriftstellerin Frieda Jung (geb. 1865) wuchs als Tochter des Dorfschullehrers auf, dessen Klasse sie auch besuchte.

Die bestellten Bogen werden sehnsüchtig erwartet. Am 2. Dezember bringt der Postbote die Sendung in die Schule. „Vater hatte an seinem Pult Platz genommen. ‚Die Kleinen nach vorne', befahl er im Weihnachtston. O – sie standen schon alle da! Dichtgedrängt. Wir Großen hinter ihnen. ‚Herr Lehrer, ich hab aber kein Geld mit!' – ‚Ich auch nicht!' ‚Ich auch nicht!', kam es aus allen Ecken. – ‚Schadet nichts, das bringt ihr morgen oder übermorgen! Wer denkt jetzt an Geld!' … ‚Na, Ottchen, dann komm mal her und schneid den Bindfaden auf.' Das Auspacken aus dem groben gelben Strohpapier verstanden dann wieder die Mädchen am besten. Es gehörten dazu immer zwei, sodass im Laufe der Schulzeit wohl jedes einmal an die Reihe kam …

Und nun lagen sie alle da, die gelben, roten, blauen, grünen Blätter! ‚Hallllt! Erst mal besehen!' … Wir Großen auf den Fußspitzen mit gereckten Hälsen rings um das Pult … Vater hat die Hand, die er während des Singens über das Blättchen gedeckt, heruntergenommen – und da steht wahrhaftig unter dem Titel: ‚Christliche Wünsche zum frohen Weihnachts- und Neujahrsfest, den lieben Eltern dargebracht von ihrem gehorsamen Kind!' ein zweifingerbreit großer Christbaum! … Und nun liest uns der Vater den ‚Weihnachtswunsch für jüngere Kinder vor' … Und nun kommen endlich wir Großen an die Reihe. Unter Glockengeläut und Flügelbrausen beginnt ‚Der Weihnachtswunsch für ältere Kinder' … jetzt richtet Vater (der Lehrer) sich auf. ‚Na, Kinder, wer von euch möchte sich nun einen solchen Weihnachtswunsch kaufen?' Nun geht es ans Aussu-

Illustration nach den Erinnerungen von Frieda Jung

chen, denn in diesem Fall sind die Bogen nicht alle gleich: ‚Na, Ottchen, welchen willst du?‘ ‚Einen gelben, Herr Lehrer, nein blauen – nein roten!‘ Und Vater nimmt einen gelben, nein blauen, nein roten Bogen zur Hand und reicht ihn strahlend dem strahlenden Ottchen. ‚Herr Lehrer, ich hab mich vorher vermisst‘, sagt Herrmanns Wise. ‚Darf ich noch mal umtauschen?‘ ‚Natürlich, wenn du dich vermisst hast.‘ Und Vater gibt ihr den, den sie sich nun mit klarer Besinnung aussucht. Bergs Male – auch ‚Malak‘ genannt – kann und kann nicht mit sich ins Reine kommen. Ihr Schürzchen ist schon ganz wie ein Strick zusammengedreht. ‚Ich weiß nich – ich weiß nich, Herr Lehrer!‘ ‚Müssen wir eben losen‘, sagt Vater ernsthaft, nimmt zwei der Bogen und hält sie auf den Rücken, Malak muss die Augen zumachen. ‚Rechts oder links?‘ ‚Rechts!‘ ‚Na, Mädel, da hast du aber Glück gehabt! Nu kriegst du ja gerade den feinen blauen…!‘ Wir andern lächeln verständnisvoll und drücken still unsern Schatz ans Herz.“

(Frieda Jung)

Das Zeremoniell des Überreichens

Margartehe Wulffs drei erdachte, Tagebuch schreibende Kinder haben außer den Schmuckwünschen an die Mutter auf Anraten ihres Hauslehrers Proben ihrer Lateinkenntnisse für den Vater: „Schon am Sonntag waren Wilhelm und ich (Otto) sehr fleißig, denn Herr Flohr hatte uns gerathen, statt anderer Weihnachtsgeschenke, die wir für Papa drechseln und pappen könnten, lieber eine recht gute lateinische Ausarbeitung zu liefern, weil ihm das wohl das Angenehmste sein werde … Montag waren wir also sehr fleißig in unseren Freistunden; nachdem ich eine Stunde geschrieben hatte, sagte ich zu Wilhelm: ‚Denke Dir ,wenn ich jetzt das Tintenfass umstieße, und die ganze Übersetzung verdürbe …‘. Die Arbeiten werden Heiligabend für die Eltern auf gesonderten Tisch aufgebaut: ‚Als die lieben Eltern nun in das Zimmer zurückkehrten, da wurden sie überrascht … und sie waren sehr froh. Papa lobte unsere Handschrift, aber die Ausarbeitungen nahm er mit auf sein Zimmer … Als wir (am nächsten Tag) zum Essen kamen, sagte Papa uns, dass er unsere Ausarbeitungen gelesen und sehr damit zufrieden sei. Das war eine Freude! Wir sagten nicht viel, aber ich kniff Wilhelms Finger so zusammen, dass ich eigentlich glaube, es

Kanning 1850, Detail (siehe S. 24)

Wurzbach, um 1850, Detail (siehe S. 23)

schmerzte ihn, er sagte aber nichts und nickte mir nur zu, wir wussten wohl, was wir dachten, und hatten uns tüchtig angestrengt, nun kam der Lohn. Ich war so verwirrt vor Freude, dass ich die Gabel in den Suppenteller legte statt des Löffels."

Der Höhepunkt des Zeremoniells der Weihnachtswunschbogen ist nach ausgestandenen Schrecken der schriftlichen Arbeit die „Aufführung" der Kinder zur Bescherung. Zunehmend ist der Wunschtext oder Teile davon nämlich ein Gedicht, das zuvor auswendig gelernt, schriftlich dort festgehalten und nun „aufgesagt" werden muss. Als Vorlagen gab es Texthefte „ Neueste Weihnachtsgedichte" oder man behalf sich mit den „Klassikern", mitunter auch Texten von Weihnachtsliedern. Monika Hunnius schreibt 1927 rückblickend auf ihre Mädchenzeit in den 1860er-Jahren: „Mit unseren Wunschpapieren in den Händen, mit klopfenden Herzen standen wir dann hinter der Tür des Weihnachtszimmers. Nun öffnete sie sich weit, Mutter spielte den Choral, Vater stand neben ihr am Flügel mit dem Neuen Testament in der Hand … Wir sangen Weihnachtslieder, hörten das Weihnachtsevangelium und wagten gar nicht, nach dem Baum oder unseren Geschenken hinzuschauen. Das war uns nämlich von unserer alten Wärterin fest eingeprägt, ‚ehe ihr euer Gedicht aufgesagt habt, dürft ihr nichts sehen', und nun sollte ich mein Gedicht aufsagen. Ich überreichte dem Vater mein Wunschpapier und fing an ‚Ihr Kinderlein, kommet, o kommet', doch als ich so weit kam, da hatte ich meinen Blick erhoben und nach dem Gabentisch hingeschaut. Was sah ich? In der Mitte des Tisches saß mein Adelchen in einem neuen Kleide mit wohlgefülltem Körper und steif abstehenden Armen. Über diesen Anblick vergaß ich alles, ich stand mit weit geöffneten Augen da und mein Herz stand vor Seligkeit einen Augenblick still. Ich verstummte und konnte mein Gedicht nicht weiter sagen."

Selbstgemachtes mit Applikationen

Mit Verbilligung der Schmuckbogen durch lithografische Großauflagen geht auch ein Wandel der Motive einher. Weihnachtsbäume, Schneelandschaften, Weihnachtsmann, das ganze Repertoire, das auch die Bildpostkarten füllt, gibt den Bogen einen anderen Charakter. Die Möglichkeit, im Papiergeschäft Goldborten als Schmuckelemente, Glanzpapier und chromolithografische Glanzbilder zu kaufen, erhöht auch den Reiz, in vorweihnachtlicher Bastelarbeit tätig zu werden. Gleichzeitig vermischen sich die Glückwünsche an die Eltern mit Auflistungen sehr materieller eigener Gabenwünsche für die Bescherung. Charlotte Niese berichtet: „Der Bogen, auf dem geschrieben werden sollte, musste ausgezackt oder mit einem Kranze von Rosen oder Vergissmeinnicht verziert sein, und es war nicht immer leicht, sich in dieser Hinsicht zu entscheiden.“(Niese 1897)

Weihnachtswunsch geschmückt mit ausgeschnittenen Papierapplikationen, 1923 von Jürgen Franz

Lang unterdrückte eigene Wünsche

Charlotte Niese schreibt nicht nur einen Glückwunschbogen an die Eltern, sondern auch ihre eigenen Gabenwüsche auf: „…das Dokument, das wir mit dem bescheidenen Namen Wunschzettel belegten, vergrößerte sich alle Tage. Vor dem Weihnachtsfeste, von dem ich jetzt erzählen will, bestand mein Wunschzettel aus verschiedenen zusammengestellten Papierbogen. Zuerst hatte ich gar nicht so viele Wünsche, allmählich aber, bei eifrigem Nachdenken, kamen sie über mich, und wenn ich auch manchmal einen Gegenstand durchstrich, so traten an seine Stelle immer zwei andere. Mein erster Wunsch, dessen Erfüllung mir sehr am Herzen lag, war ein lebendiges Lamm.“ Dieses wird zugunsten eines Papageis verworfen usw. Einen weltlichen oder übernatürlichen Adressaten scheinen diese Zettel nicht gehabt zu haben.

Marianne Adler 1928

Handschriftlicher Text:
Liebes Christkind!
Ich bitte dich,
bringe mir
1.) eine Puppe für die ich Kleider nähen kann
2.) Ein Wettrennenspiel und
3.) Lida's Puppe. Lebensg. einer Puppe v. E. Biller oder ein Buch. Ich werde fleißig lernen und will brav sein.
Deine Marianne Adler

Wunschzettel an Weihnachtsmann und Christkind

Die gradweise Umwandlung der Weihnachtswünsche an Eltern und Großeltern in Listen für den persönlichen Geschenkbedarf kündigt sich im Wechsel der Bildmotive bereits an. Christlichen Szenen werden zunehmend weltliche zur Seite gestellt, der Krippe die bürgerliche Weihnachtsstube, Maria mit dem Kinde die Bürgersfrau mit Kindern. Der Weihnachtsbaum tauchte bereits bei Speckter 1840 auf und wird im letzten Viertel des 19. Jh. unverzichtbar. Dann erhalten um 1880 wie auf Weihnachtskarten die Gabenbringer das Monopol. Christkind mit verteilenden Hilfsengeln, Weihnachtsmann voll bepackt in der Weihnachtsstube oder am geschmückten Baum vor den zu bescherenden Kindern. Auch diese „Geschenkwinke“ sind aber rein bildlich, der geschriebene Wunsch erwähnt weder Puppen noch Schaukelpferd, sondern bleibt eine Weihnachtsgratulation vom Kind an die Erwachsenen, Schönschriftgedicht oder Weihnachtslied auf den Innenseiten inbegriffen.

An die Eltern!

1) Mit großer Freude bring' ich heut
die Wünsche allerbesten
Gott segne, teure Eltern Euch am heiligen
Weihnachtsfeste
2) Er schenke Euch Zufriedenheit
Gesundheit Heil und Glück
bewahre Euch vor Traurigkeit
und jedem Mißgeschick!
3) Ich will durch Artigkeit und Fleiß
Euch Freuden machen gern
dann leuchtet hell als schönster Preis

„... der Elternliebe Stern
Euer Sohn
Eberhard
Weihnachten 1926“

Schon vor 1900 verselbstständigt sich die „Geschenkabteilung“ der Wünsche in ihrer äußeren Form hin zu selbst gemachten Briefen an das Christkind (nicht an die Eltern) oder schmucklosen

Schreibbogen, die wohl zur Beförderung mit himmlischer Post in die Fensterbank gelegt wurden. Auf den neuen Bedarf reagieren die Druckhäuser mit bebilderten vorgefertigten Briefformularen, die die gedruckte Adresse an das Christkind und eine Engelsbriefmarke tragen. Und Spielwarenläden, Versand und Kaufhäuser perfektionieren zwischen 1890 und 1930 die Bogen für ihre Zwecke. In den 1930er-Jahren ist als Reaktion hierauf wieder Selbstgefertigtes gefragt, was in Zeitschriften wie „Die Schule“ oder „Die Weite Welt“ propagiert und mit Gebrauchsanweisungen, Berichten und szenischen Fotografien ausgestattet ist.

Titelblatt der Zeitschrift „Die Weite Welt“, Berlin, Nr. 48, 1. Dezember 1935

Ernst Herweg schreibt den Wunschzettel für sich und seinen jüngeren Bruder Carl Ludwig auf ein Blatt:

Lieber Weihnachtsmann!
Ich wünsche mir: 1. Eine Drehscheibe für meine Eisenbahn 2. Ohrenklappen mit Pelzmütze 3. Briefpapier 4. Ein Spiel 5. Ein Buch 6. Ein paar Soldaten 7. Süßigkeiten Viele Grüße Ernst Herweg
Bübchen wünscht sich: 1. (Max und Moritz*) 2. Pauke 3. Karussell 4. Ein Spiel 5. (Schnurridiburr oder die Bienen*) 6. Süßigkeiten. Die mit Klammern und Kreuzen bezeichneten Sachen wünschen wir uns beide. Viele Grüße C. L. Herweg

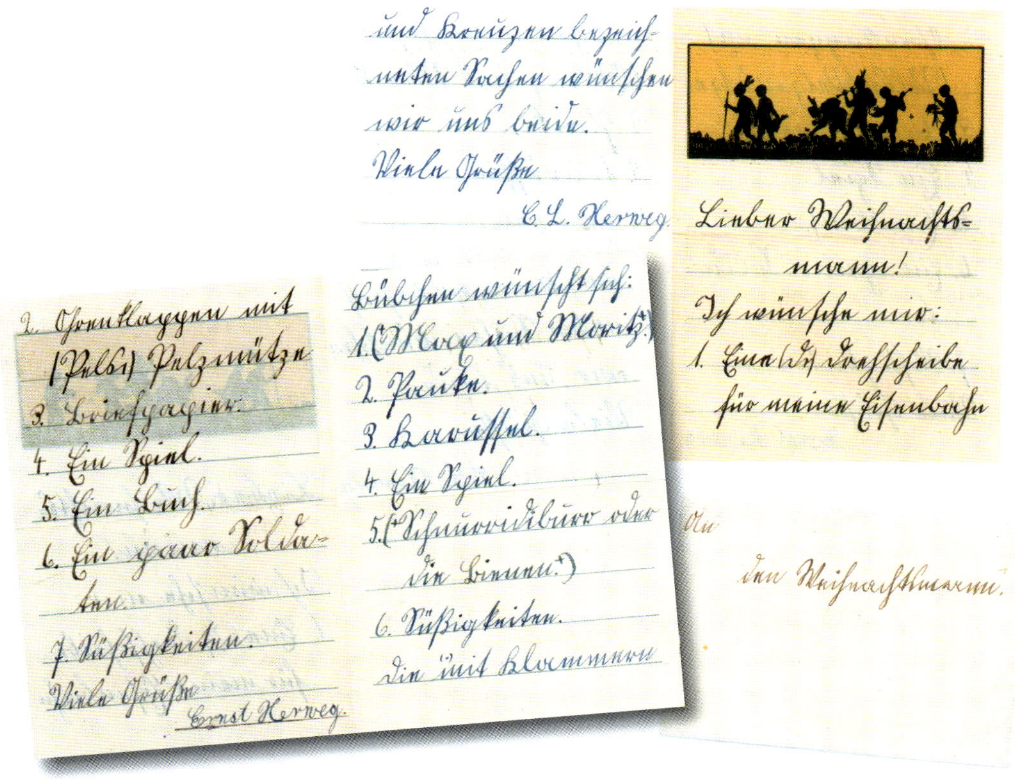

Wunschzettel auf Kinderbriefpapier 1917

Vereinnahmung der Wünsche durch Handel und Industrie

Die vom Handel gelieferten Wunschzettel bzw. Briefchen gibt es zeitgleich mit oder ohne angehängte Spielzeugliste oder katalogartige Präsentation. Um 1890 erschien der „Weihnachtsbrief an das liebe Christkind“ von der Firma J. Wegener, Puppen und Spielwaren in Elberfeld. Der Bogen ist beidseitig bedruckt und lässt sich zum kleinformatigen Briefkuvert zusammenfalten, adressiert „an das liebe Christkindlein im Himmelreich“. Auf der Vorderseite das Weihnachtszimmer mit geschmücktem Baum und aufgebauter Bescherung; Kinder und Eltern treten gerade staunend und jubelnd durch die Tür, dem gehäuften Spielzeug und Puppen entgegen. Die zwei Innenseiten zeigen vier Bildszenen mit Christkind, Zwergen, Engeln und Kindern. Dazwischen in fürchterlicher Handschrift

Firma J. Wegener, Elberfeld 1890/95

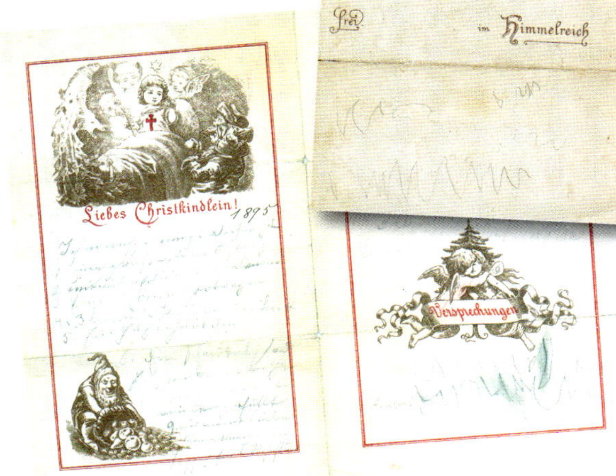

„Wunsch-Zettel“, Vorder- und Rückseite, Firma J. Wegener, „geschrieben“ von Reini Wuster, Elberfeld, 1897

Wunschbogen von der Firma F. Klebe, Prenzlau, geschrieben von den Geschwistern Cordula und Günther Koch-Hagen in Wittenburg 1898

die Wunschaufzählung, 1895 erstellt. 1900 hat dieselbe Firma ihren Bogen mit neuem Außenbild versehen, Bescherungstisch mit Tannenbaum, Kind mit Puppe davor, das Innere ausgefüllt von Reinhard Wuster, „bringe mir bitte zu Weihnachten 2 Schachteln Soldaten (erst hat er „eine“ geschrieben)... aber vor allen Dingen eine Eisenbahn mit Lokomotive und Wagen ...“ Dafür gelobt er in der anschließenden Rubrik „Versprechungen“ (im Spruchband von Engeln getragen): „ich will auch immer artig sein, drum bringe mir es, was ich mir gewünscht habe und noch viele andere Dinge!!“ Die Wünscherei ist im Imperativ angelangt. Ein Geschäft auf Gegenseitigkeit war sie durch mehrere Generationen schon vorher.

Ebenfalls von der Firma Wegener zeigt eine 1897 benutzte ältere Wunschbrief-Variante mit lithografiertem Schmuckeinband, vorn den Weihnachts-

Rückseite mit Werbung

Puppenkönig, Mönchen-Gladbach um 1930

mann, hinten Kinder, die den Wunschzettel ausfüllen, umgeben von inspirierenden Geschenken, die auf der Innenseite dann katalogartig abgebildet sind. Reinhard Wusters Bleistiftkrakel zeigen, dass er noch nicht verständlich schreiben konnte.
1898 benutzen Günther Koch-Hagen und seine Schwester Cordula jeweils eine andere Brief-Variante der „Spielwaaren-Handlung von F. Klebe“ in Prenzlau, er: 1. Panzer, 2. Säbl(!), 3. Gewer(!), 4. Eisenbahn mit Schienen, 5. Kürassierhelm, 6. Festung, 7. Schokolade; und Kordula: 1. Bunte Bleistifte, 2. Stelzen, 3. Eine Puppe, 4. viel Schokolade, 5. einen Baukasten, 6. einen Kalender, 7. Ein Postkarten-Album, 8. Ein Bilderbuch. Die Rückseite benutzt Klebe zu firmeneigener Reklame, denn seine „Weihnachts-Ausstellung“ in der Friedrichstraße 198 „bietet in jeder Hinsicht reichste Auswahl zu Weihnachts-Einkäufen!“
Der Wunschbogen von Hohner aus den 1930er-Jahren zeigt oben im Schmuckrahmen das bekannte Produkt umgeben von Tannenzweigen, Flugzeug, Panzer und Soldat und füllt die Nr. 1 der Liste gleich selbst aus: „Eine Hohner Mundharmonika“. Unten kann ausgefüllt werden Name und Anschrift.

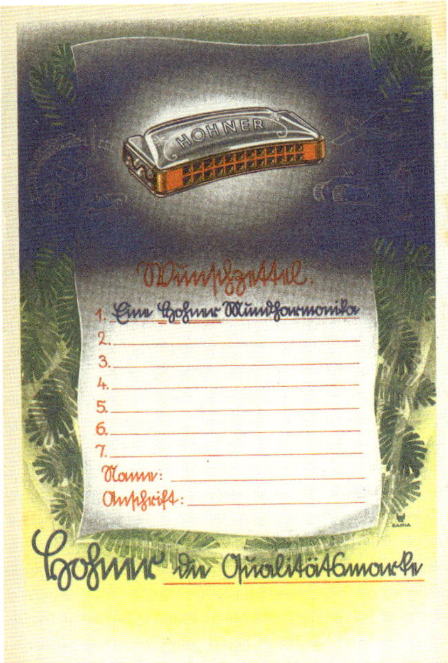

Ähnlich geht zeitgleich der Herold-Verlag vor. Er vermeidet den Umweg über Christkind oder Weihnachtsmann: „Bitte ausfüllen und den Angehörigen übergeben!“ „Ich wünsche mir folgende Bücher aus dem Herold- Verlag in Stuttgart“. Karstadt schafft mit seinem Briefwunschbogen gar Verbindungen zwischen dem Kaufhaus und den himmlischen Gabenbringern: über den auszufüllenden Leerzeilen lesen diese: „Dir, du liebes Christkindlein, send ich meine Wünsche ein; Geh zu Karstadt, Nikolaus, und suche mir das Schönste aus.“ Und Hans Ohm nimmt die Gelegenheit war: „wünsche mir einen Kartong(!) Bleisoldaten, zwei Kanonen und ein Euroka Gewehr mit Zielscheibe zu Weihnachten 1928 von den Großeltern und Eltern.“

Hohner, um 1930

Rechts: Herold Verlag, um 1930

Nach dem Weltkrieg geht es in den 1950er-Jahren nach dem gleichen Prinzip weiter. Beispielsweise 1973 Lego, die Vorderseite mit Baubeispiel, „Krankenwagen gebaut von Maria“, Abbildungen von Komplettpackungen mit Bestellnummern und gleich 6 visitkartengroßen Exemplaren „Mein Lego Wunschzettel. Für meine Lego Sammlung fehlen mir noch viele Teile. Von Dir wünsche ich mir ganz besonders: … Bestellnr … Viele liebe Grüße von …“ – Jüngst versteckte McDonald’s seine Angebote zum Ankreuzen zwischen allerlei anderem, etwa „Friede, Freude, Eggmcmuffin“, „eine/n Schwester/ Bruder“, „Lachsfilet- Happen“ und fügt auch die Gebrauchsanweisung mit parallelen Piktogrammen hinzu: „1. Stift zur Hand nehmen, Wunsch ankreuzen und/oder einen eigenen Wunsch hinzufügen …“

Karstadt, um 1930

Die Selbstgemachten

Die Wünsche, auch jene „undinglichen“ des 18. und 19. Jh. an Eltern, Großeltern oder Paten, sollten den Eindruck des Selbstgemachten erwecken, und das vorher Gedruckte und Handgeschriebene waren stilistisch oft kaum zu unterscheiden, höchstens im Grad unterschiedlicher Virtuosität. Eine neue Möglichkeit der Gestaltung boten die Fertigteile der Schmuckpapier-Industrie wie gestanzte, vergoldete Reliefpapiere und chromolithografische Bildchen, voran die vielfarbigen, geprägten „Glanzbilder“. Oft hatten die ganz bescheidenen Bogen dafür ein leeres Feld, vorne oben links. Teilweise war die Selbstgestaltung nur vorgetäuscht und die Bildszene bereits eingeklebt.
Ein Unikat der Altonaer Sammlung ist ein alter Wunschbogen mit Blumenkartusche von 1854. Die aufwendigen künstlichen Papierblumen aus Stanzteilen werden in kommerzieller Heimarbeit zusammengefügt und dem Blatt appliziert worden sein.

Liselotte (1902–1991) für Eltern und Tante Lisbeth, Deckfarben. Hamburg Bergedorf um 1914

Prägedruck mit eingeklebter Chromolitho-Oblate, handschriftlich ausgefüllt von: Carl 1907

Manufaktur oder Heimarbeit mit Goldprägepapier und Blütenapplikationen
Handschriftlich ausgefüllt von Matthia Spiesen: Dem theuren Großvater gewidmet zum/ Weihnachten/ 1854/Kehrst du wieder heut aufs Neue/ O du heilige schöne/ Nacht daß die Erde/ sich erfreue der du einst den Herrn gebracht/ Schön geschmückt mit tausend Kerzen/ glänzt die Welt im Strahlenglanz/ Aber Christus sieht die Herzen/ Seiner Ehrn besten Glanz/ Längst entfernt dem Weltgetümmel/ Geh von hier sein heilger Fuß/ droben bringen ihm im Himmel/ Engel heut den Weihnachtsgruß/ doch er sendet innigwieder/ Seine Lieb die nie vergeht/ Und die Erde bringt ihn wieder/ Still ein freudig Dankgebet/ Matthia Spiesen

Geliebtes Großmuttel!
Mit innigst gerührtem
Herzen danke ich Dir,
beidem Eintritt dieses
neuen Jahres, welches wir
wieder vereint durch Gottes
Gnade feiern, für die unzähli-
gen Beweise der Liebe und Zärt-
lichkeit, womit Du mich im Laufe
des verflossenen Jahres beglückt hast.
Alle Tage will ich Gott bitten, daß er
Dich dafür mit seinem schönsten Segen
erfreuen, Dir eine dauerhafte Gesund-
heit schenken und das höchste, freuden-
reichste Alter verleihen wolle. Dazu will
ich dann eifrig mich bestreben, Deine
Liebe durch ein gutes Betragen und

Verlag unbek. Briefbogen mit Goldprägung und Klebeoblate. – Ilse, 1910: Geliebtes Großmuttel!/ Mit innigst gerührtem/ Herzen danke ich Dir,/ beidem Eintritt dieses neuen Jahres, welches wir/ wieder vereint durch Gottes/ Gnade feiern, für die unzähli-/ gen Beweise der Liebe und Zärt-/ lichkeit, womit Du mich im Laufe/ des verflossenen Jahres beglückt hast./ Alle Tage will ich Gott bitten, daß er/ Dich dafür mit seinem schönsten Segen/ erfreuen, Dir eine dauerhafte Gesund-/ heit schenken und das höchste, freuden-/ reichste Alter verleihen wolle. Dazu will/ ich dann eifrig mich bestreben, Deine/ Liebe durch ein gutes Betragen und/durch einen regen Fleiß mich immer werter/ und würdiger zu machen./ Das gelobt Dir feierlichst/ Deine/ dankbare Enkelin Ilse./ Weihnachten 1910

Wulfram Matthias,
1926

Wunschzettel 1926
Stabil N̲o 50, langen 100 SCHuss, SKalp=
messer mit Lederscheide, bunte Federn,
Köcher, grossen SCHild mit Fell.
Skizzenbuch, Taschenmesser, grüne Tube
Turngerä mit Reck, Kletterstange,
Ringen, SCHaukel.
Wulfram Matthias

Jürgen Franz Matthias,
1926

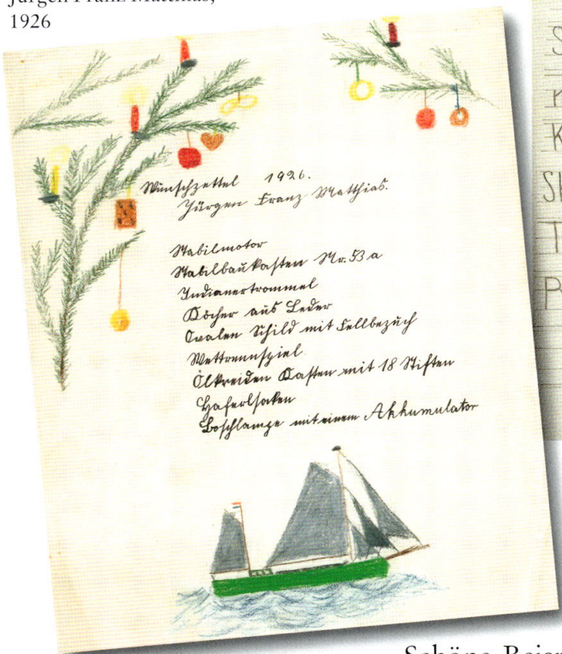
Wunschzettel 1926.
Jürgen Franz Matthias.

Stabilmotor
Stabilbaukasten Nr. 53 a
Indianertrommel
Köcher aus Leder
Ovalen Schild mit Fellbezug
Wettrennspiel
Ölkreiden Kasten mit 18 Stiften
Haferlsocken
Boschlampe mit einem Akkumulator

Eine andere Möglichkeit, besonders in der Zeit nach 1900, war die Gestaltung mittels Buntstiften. Schöne Beispiele aus der Sammlung Paulsen sind die gleichzeitigen Briefchen zweier Brüder von 1926. Unter flott daherdampfendem Schlepper wünscht Wulfram Matthias: „... Stabil N 50 (Baukasten), langen 100 Schuss, Skalpmesser mit Lederscheide, bunte Federn, Köcher, grossen Schild mit Fell, Skizzenbuch, Taschenmesser, grüne Tube, Turngerät mit Reck, Kletterstange, Ringen, Schaukel.“ und (offenbar in deutlicher Absprache) sein Bruder Jürgen Franz Matthias zwischen geschmückten Tannenzweigen und einem Schoner in Fahrt: „Stabilmotor (d. h. für den Baukasten), Stabilbaukasten Nr. 53 a, Indianertrommel, Köcher aus Leder, ovalen Schild mit Fellbezug, Wettrennspiel, Ölkreiden Kasten mit 18 Stiften, Haferlsocken, Boschlampe mit Akkumulator“.

Wünsche in direkter Hinwendung

Der umständliche und postalisch unsichere Weg der Zustellung via Fensterbank ließ sich durch direkte Hinwendung mit einem richtigen Brief an die übernatürlichen Gabenbringer verbessern, die in Orten mit einschlägigem Namen wohnten. Während man über die Heimat des Weihnachtsmannes in Skandinavien uneins ist und zwischen Grönland, Nordpol und Lappland in Finnland schwankt, birgt die Vielfalt der deutschen Ortsnamen ganz andere Möglichkeiten. Zusammensetzungen von „Christ…" oder „Himmels…" bieten sich an. Solche Adressen wiesen bereits die kommerziellen Firmenwunschbogen auf, „an das liebe Christkind Himmelstür 24", oder mithilfe der Eltern wohnte das Christkind (1935) „im Himmel, Engelstraße 5".

Oben: Liselotte an die Eltern. Deckfarben. Hamburg-Bergedorf um 1914?

Links: Liselotte an die Eltern. Deckfarben. Hamburg-Bergedorf um 1916?

Rechts: Liselotte an Eltern u. Tante. Klebebild in Glanzpapier, Bergedorf um 1920

Lieber Christkind
Wie geht es dir? Mir geht es gut.
Hast du viel mit dem Weihnachts-
mann, den Engeln und den Wichteln
zu tun? Ich weiß ja selbst das
du viel zu tun hast, aber du
merkst natürlich auch das nicht
alle an dich Glauben. Dass finde
ich gemein von den Kindern!
Sie glauben das die Eltern die
Geschenke bringen. Natürlich kann
man sich etwas von den Eltern
wünschen, aber es gibt dich, dass
kann ich beweisen! Du hast mir
immer zurückgeschrieben. Ich weiß
ja das du es nicht kannst weil
es nicht geht aber, ich wünsche mir
trotzdem immer noch ein Pferd! Ich
weiß ja auch, dass das Pferd alleine
nicht so teuer ist aber die Umsorgung
ist teuer. Bestell dem Weihnachtsmann
schöne Grüße von mir!
Ach noch was, ich möchte
das du mich mit den
Geschenken überrascht.

Briefe von Nele und Marie an das Weihnachtspostamt Himmelsthür, 2009

Um große Mengen vagabundierender postalischer Irrläufer zu vermeiden, hat die Post meistens weit zurückreichende inoffizielle Bemühungen und Eigeninitiativen von ehemaligen Angestellten aufgegriffen und entsprechende Anlaufstellen eingerichtet. Die „Weihnachtspostämter der Deutschen Post“ sind, straff organisiert, auf folgende Orte verteilt.: 16798 Himmelpfort; 97267 Himmelstadt; 49681 Nikolausdorf in Garrel; 31137 Himmelsthür in Hildesheim; 21709 Himmelpforten; 51766 Engelskirchen; 66352 St. Nikolaus im Warndt. Diese Sonderpostämter werden im Allgemeinen Mitte November aktiviert. Die Deutsche Post versichert, dass Briefeingänge bis 15. Dezember beantwortet werden.

Herman Bardenhagen leitete 35 Jahre das Weihnachtspostamt Himmelpforten. (Foto dpa)

Anfänglich mit ehrenamtlicher Pensionärs-Truppe, jetzt mit extra engagierten Helferinnen werden alle Kinderbriefe beantwortet, nicht nur Empfangsbestätigung, sondern Existenznachweis der Adressaten: „… du merkst natürlich auch dass nicht alle an dich glauben. Das finde ich gemein von den Kindern … aber es gibt dich, das kann ich beweisen! Du hast mir immer zurückgeschrieben …“ Marie bestätigt 2009 gar die Wunscherfüllungen von den Vorjahren: „Lieber Weihnachtsmann, ich möchte mich bei dir ganz dolle für die schönen Geschenke von den letzten Jahren bedanken. Sie haben mir sehr gefallen!!! Dieses Jahr wünsche ich mir …“

Diese Briefe sind aufwendig gestaltet, mit eigenen Zeichnungen und Applikationen oder auf dem kostbaren Pferdebriefpapier von Wendy geschrieben.

Die ersten derartigen Briefe werden in die Irre gelaufen sein, als unzustellbar zu ihren enttäuschten Schreibern zurückgesandt, die, neu in dieser Kunst, sich ungeheuer mit dem Abfassen gequält haben dürften. 1985 wurde aus Engelskirchen (Bergisches Land) erstmals geantwortet. Die Saison 2003 brachte schon 50 000; 2004 bereits 70 000; 2006 100 000 Sendungen usw.

Das einzige offizielle Weihnachtspostamt im Osten Deutschlands in Himmelpfort erhielt schon 2005 257 000 Briefe, die in 16 Sprachen beantwortet wurden. Je Sonderpostamt ackern mindestens 20 Helfer.

Titelseite, Konstanz 17. 12. 1933

Persönlich eingeflüstert

Und dann gibt es natürlich auch die Gelegenheit einer persönlichen Begegnung, nicht nur der zum Heiligen Abend mit Gabensack, Befragung und Gedicht, sondern im Vorfeld, wo Wünsche noch möglich sind.

Der Weihnachtsmann fand sich bei solcher Begegnung, wie viele selbst erlebt haben werden, fast immer in einem Kaufhaus. Dort saß er neben geschmücktem Tannenbaum auf einem Thron. Ihn zierte stets ein echter bauchlang gewachsener Bart, nicht Watte oder Hanf, eine Seltenheit wie von einem anderen Stern. Sein Begleiter war kaum jemals ein Engel, sondern häufig ein Fotograf, der eine Tatortaufnahme zum bleibenden Beweis fertigte, den die Begleitmutter häufig für das Familienalbum orderte. Dieser Weihnachtsmann hörte sich unter tiefem Brummen und Nicken stets die Wunsch-Ohrenbeichte an, schrieb sie wohl zu Hause in ein dickes Bestellbuch für die engelische Handwerksabteilung.

Torkild Hinrichsen, 4 Jahre alt, Hamburg 1952

Solche Szene war so allgemein bekannt, dass die Firma Bleyle, Stuttgart, sie als werbende Anzeige nutzen konnte: „Der Wunsch aller ist ein Geschenk, das wirklich Freude bereitet. Mit einem flotten Bleyle Anzug, einem schmucken Sweater-Kleidchen ... trifft der Geber immer das Richtige ... Achten Sie aber bitte beim Kauf stets auf das eingenähte Echtheitszeichen."

Anzeige um 1930 und
Klebemarken um 1920

Endphase: Jahresbriefe, Internet und SMS

Das elektronische Zeitalter und Internet haben natürlich auch von den Wunschzetteln Besitz ergriffen. Viele Firmen haben die Möglichkeit, eigene elektronische Zettel zu aktivieren und mit den entsprechenden vetretenen Produkten auszustatten, die sich direkt bestellen lassen. Aber es gibt auch klassische Zettel „zum Ausdrucken“: „Wir haben dir einen Wunschzettel vorbereitet, du brauchst ihn nur noch auszudrucken, dann nach Belieben ausmalen, deine Wünsche eintragen und abschicken.“ „Lieber Weihnachtsmann, in diesem Jahr war ich sehr brav, darum wünsche ich mir: ...“ Die Adresse „Hau-tu.de“ bringt eine Anleitung zum Wunschzettel-Schreiben: Es folgt, man glaubt es nicht, für die einsamen Kinder unserer Zeit eine Erklärung, was denn ein Wunschzettel ist: „Der Wunschzettel – jedes Jahr gibt es ihn zu Weihnachten. Auf dem Wunschzettel stehen Wünsche, die sich über das ganze Jahr angehäuft haben. Meist sind es materielle Wünsche, die man auf einem Wunschzettel findet, wie z.B. Fernsteuerautos, Computer oder Puppen. Der Wunschzettel ist für das ‚Christkind‘ ein Leitfaden, an den(!) es sich bei dem Aussuchen der Geschenke richten kann. In dieser Anleitung wird euch erklärt, wie ihr euren eigenen Wunschzettel richtig anfertigt“. Bescheidenheit wird dabei wirklich nicht vermittelt, denn die „Anleitung“ sagt: „Das Erste, was ihr beachten solltet bei eurem Wunschzettel, ist, dass oft mehr besser ist als zu wenig. Schreibt also alle eure Wünsche auf, egal was es ist, das ‚Christkind‘ soll ja selber entscheiden können, was es euch schenkt.“

Chronologie der Wunschblätter

Bilder, Texte, Transskriptionen

Verlag, Schreibmeister, Zeichner und Stecher unbekannt

Ausgefüllt und handgeschrieben von: Bartolo Nicolaus Krohn, Hamburg 1739

Text: Hochwerthste Groß-Mama/ es ist das alte Jahr/ Gott sey Danck! Von der Zeit sehr/ dunkler Grufft verschlungen,/ Da gegen stellet sich ein neues wieder dar,/ Welches durch Gottes Güt sich in die Höh geschwungen./ Dieses konnte mir doch wol jetzt angenehmer seyn,/ Als daß dis neue Licht auch Sie gesund erblicket,/ Die froh ste Regung Traum nimmt mich an itzo ein,/ Die auch in einen Wunsch an Sie hinüber führt./ Gott sey Lob, daß er Sie in vorgen Jahres-Zeit/ Beym Wohlseyn alle Zeit geführt und erhalten,/ Sein Flügel sey hinfort nah über Sie gebreit,/ Sein Segen und sein Schutz muß über Sie noch walten,/ So oft in diesem Jahr ein neuer Tag erscheint,/ So müße neues Heil Sie mit Vergnügen krönen./ Gott zeige selber stets, wie gütig er es meynt,/ Mit denen, welcher sich nach seiner Güte sehnen./ Gott sey ihr Freund, der Sie in Liebes-Armen trägt,/ Er sey und bleibe stets die Stütz in ihrem Alter,/ In Schwachheiten Ihr Arm, ihr Hand so sie verpflegt,/ Er bleibe stets ihr Schutz und mächtigster Erhalter./ In Christo kröhn er Sie mit guten.... Befinden./ Er mehre auch übrigens des Hauses Wohlfahrt zu,/ Stets muß zu ihrer Lust sich Glück mit Glück verbinden./ Was fehlet dann nunmehr? Ich wünsche noch zuletzt/ Sie lebe stets vergnügt in vielen weit ren Jahren,/ Und wenn Sie Lebens satt sich genügsam hier ergiebt/ So muß sie sanfft und still zur sel gen Freuden fahren./ Dieses wünschet seiner Hochwerthsten frauen Groß-Mama,/ gehorsamster Sohn / Hamburg/ Bartolo Nicolaus Krohn/ Geschrieben in dem H. Christ Month / Anno 1739

Sehet wir verkündigen euch grosse Freude, denn euch ist heute der Heiland gebohren
Hochwerthste
Groß Mama,
es ist das alte Jahr
Gott sey Danck! von der Zeit sehr
Hamburg
d. Christ Monat
Anno 1731
Bartold Nicolaus Krohn.

Pflicht mäßig
erscheinet am Neuen Jahrs Morgen
Neuengam
d. 31 Decembris
Anno 1744

Zeichner und Stecher unbekannt. Kupferradierung mit grober Illumination. Initialen und erste Schriftzeile in Zierbuchstaben wohl von lokalem professionellem Schreibmeister

Handschriftlich ausgefüllt von: Trude Eggers, Neuengamme, 31. Dez. 1744

New Jahrs/ Brief an meine/ Hochgeehrte/ Eltern/ Pflichtmäßig erscheinet am Neuen Jahr Morgen/ Ein Kind vor die Eltern, weil sie es versorgen./ Es bringt was, doch ist es nicht Silber noch Gold,/ Nicht kostbare Schätze, die jedermann hat/ Hoch wolt es die Eltern so gerne bedenken,/ Aber Feder und Dinte und schlechtes Papier/ Zum Wunsche aptiret, sie sehen allhier/ Ein brifgen von Einfalt und Schwachheit geschrieben,/ Doch Liebe und Ehrfurcht die hat mich getrieben,/ Gehorsamt und höflich reichen es nie,/ In Hoffnung sie werden gewogen mir seyn./ Gott ist ja das Beste; von David doch singen/ Herr wenn ich dich habe, frag ich nichts nach Dingen./ Dir höflich nach Himmel und Erd,/ Du Trost meines Hertzens und Teil das mir wird./ Drum wünsch ich Sie Werthste den brunquel der Gaben./ Den Gütigen Schöpfer Gott wolle Sie haben,/ Mit geistlichen Gütern, mit Göttlichen Wort,/ So sind sie stets frolig. Hir zeitlich und dort./ Gott gebe den Frieden im Hause und Lande/ Glück Segen und Heyl auch in allerley Stande/ Er geb Sie gesundheit, ein glücklich Neu Jahr/ Ich aber verbleibe hirmit immerdar,/ Dieses wünschet ihren Hochgeerten Eltern/ Zum gesegneten Neuen Jahr:/ Dero gehorsamste Tochter/ Trude Eggers/ Neuengam/ d 31 Decembris/ Anno 1744

Zeichner und Stecher unbekannt, in vielen Varianten und Nachahmungen verbreitetes Blatt

Kupferstich und Radierung, farbig gefasst, rot in Schablonierung. Überschrift und Zierbuchstaben durch örtlichen Schreibmeister.

Handschriftlich gefüllt von: Sophia Dorothea Lange, Neumünster, 20. Dez. 1754

Text, Druck: Siehe ich verkündige euch große Freude/ Keiner wird Gerecht gefunden/ ICH Tilge all ihrer Sünden/ Du Bethlehem bist mit nichten die Kleinste unter den Fürsten Juda. Denn auß die soll mir komen der Hertzog der über mein Volck Israel ein HERR sei. Matth:2

Handschrift: Hochgeehrter Hr Oheim/ Wehrtgeschaetzte Frau Maederin!/ Vor alters her hat sich ia einieder unterwunden, Zu dieses Hohe fest mit Gratulatiohn,/ Und mit geschenke sich Bey denen eingefunden/ Da vor Hochachtung war, in huldigst Devotion/ Ja dieses ist was mich antreibet auszudencken/ Und weil ich anders nicht als Dank und Worthe Bringet/ So bitte ich dennoch daß Sie mein guter will/ die Blaß auß Lieber Pflicht und Hertzensgründe dringet/ Geneigt annehmen woll Bis ich dereinst erfüll/ Drum soll mein wünschen seyn, daß Gott erfüllen laß/ an Ihnen allerseits zu dieser Weynachtsfest/ Er Laße Sie beglückt noch viele Jahre leben/ Und kröne dero Stand mit überflüßigkeit/ Und die Familien woll er also erheben/ Daß man der Schnacken Stamm erkenne Weit und Breit/ Ja dero Glück und Wohl Laß Felsen mäßig stehn/ Bis Erd und Himmel wird mit uns zu trümmern gehen/ Dieses überreichet, und wünschet von Hertzen, aus/ schuldigster Ehrfurcht, Meines Hoch zu Ehrenden/ Herrn Oheims/ ganz gehorsamste/ Sophia Dorothea Lange/ Neumünster d 20 tn Decembr:/ Anno 1754.

Siehe ich verkündige euch große Freude
Vor alters hat sich ia ein ieder unterwunden
Keiner wird Gerecht gefunden
ICH tilge all ihrer Sünden
Neumünster d. 20. Decemb.
Anno 1754.
Du Bethlehem, bist mit nichten die Kleinste unter den Fürsten Juda Denn aus dir soll mir komen der Herzog der über mein Volck Israel ein HERR sey. Matth: 2

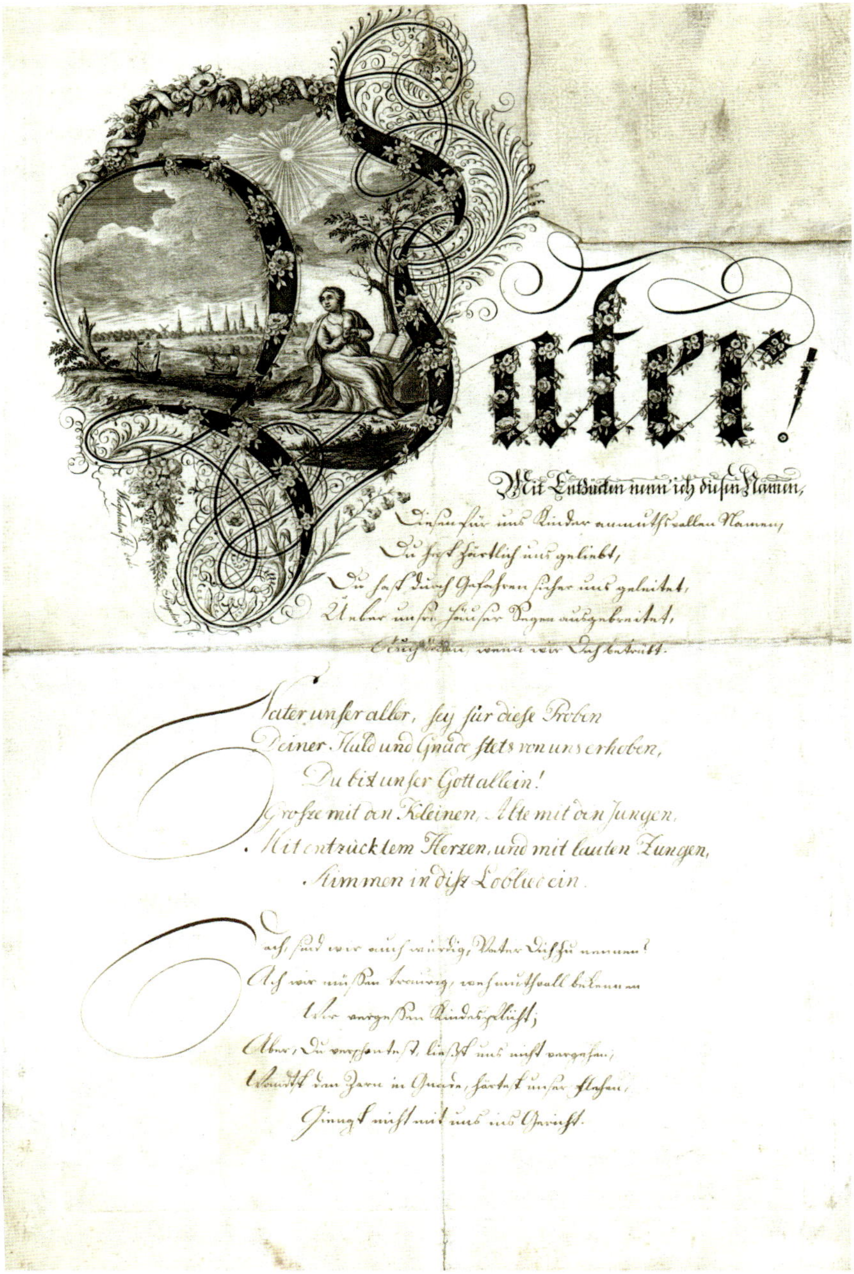

Vater!

Mit Entzücken nenn' ich diesen Namen,
Diesen für uns Kinder anmuthsvollen Namen,
Du hast zärtlich uns geliebt,
Du hast durch Gefahren sicher uns geleitet,
Ueber unsre Häuser Segen ausgebreitet,
Nachgesehen, wenn wir Dich betrübt.

Vater unser aller, sey für diese Proben
Deiner Huld und Gnade stets von uns erhoben,
Du bist unser Gott allein!
Große mit den Kleinen, Alte mit den Jungen,
Mit entzücktem Herzen, und mit lauten Zungen,
Stimmen in diß Loblied ein.

Doch, sind wir auch würdig, Vater Dich zu nennen?
Ach wir müssen traurig, wehmuthsvoll bekennen
Ueber argsten Kindespflicht;
Aber, Du verschontest, ließest uns nicht vergehen,
Wandtest den Zorn in Gnade, hörtest unser Flehen,
Gingst nicht mit uns ins Gericht.

Verlag und Zeichner: Pingeling. Schreibmeister Christopher Diederich Westphalen, Hamburg

Ausgefüllt und handgeschrieben von: Johann Hieronymus Jantzen, 1782

Vorderseite: Zum Weihnachtsfest und Neuen Jahr legt diesen Wunsch gehorsamst dar

Innenseite: Vater! Mit Entzücken nenn ich diesen Namen,

Handschrift:
Diesen für uns Kinder anmuthsvollen Namen,
Du hast zärtlich uns geliebt,
Du hast durch Gefahren sicher uns geleitet,
Ueber unsre Häuser Segen ausgebreitet,
Auch dann, wenn wir Dich betrübt.

Vater unser aller, sey für diese Proben
Deiner Huld und Gnade stets von uns erhoben,
Du bist unser Gott allein!
Große mit den Kleinen, Alte mit den Jungen,
Mit entzücktem Herzen, und mit lauten Zungen.
Stimmen in diß Loblied ein.

Doch, sind wir auch würdig, Vater Dich zu nennen?
Auch wir müssen, traurig, wehmuthsvoll bekennen
Wir vergaßen Kindespflicht;
Aber Du verschontest, ließt uns nicht vergehen,
Wandst den Zorn in Gnade, hörtest unser Flehen,
Gingst nicht mit uns ins Gericht.

Verlag, Zeichner, Schreibmeister und Stecher unbekannt

Handgeschrieben von: Johann Popp, Ovelgönne, 24. Dez. 1785

Text, gedruckt, Vorderseite:
Ich verkündige große Freude!
Euch ist heute der Heyland
Gebohren. Luc: II, 10.

Weihnachts-
und
Neu-Jahrs-Wunsch.
Hochgeehrter,
hertzlich-geliebter und wehrt-geschätzter
Herr Groß-Vater
Hochgeehrte,
hertzlich-geliebte und wehrtgeschätzte
Frau Groß-Mutter
Joh: 15, 1–4 Joh: 15, 5

Seite 2, Handschrift: Theureste Gros Aelter,/ Wie kann ich umhin bey dem Wechsel des gegenwärtigen Jahres/ den selben meine Hochachtung und Liebe zu bezeugen. Die/ Werthesten! erlauben, wenn ich mit dem freudigsten Hertzen Ihnen meinen ergebensten Glückwunsch darlege,/....
Dein Abend breche herein da Dir nicht über seine empfangene Güte/ von gantzen Hertzen erfreuet seie. Er stärke, Segen und erhalte Dir/ bis an das schöhnste Ziel menschlicher Tage, ja er lasse Ihr...,/so vergnügt ein Jahr Jugend sein zur Freude so wohl meiner, als/ meiner geliebten Eltern, und sämtlichen Angehörigen, daß es der/ Wunsch meines Hertzens, somit am Schluße dieses Jahres meine/ ganze Seele zu Gott erhebe, und in der tiefsten Ergebenheit, Zeit/ meines Lebens mich nennt./ Hochverehrte Groß-Aeltern/ Dero/ gantz gehorsam ergebener Enkel/ Johann Popp./ Ovelgönne/ am 24. Dec:/ 1785/

Siehe:
Ich verkündige grosse Freude!
Euch ist heute der Heyland
gebohren. Luc: II 10.
Weyhnachts
und
Neu-Jahrs-Wunsch.
Hochgeehrter,
herzlich geliebter und wehrt geschätzter
Herr Groß-Vater.
Hochgeehrte,
herzlich geliebte und wehrt geschätzte
Frau Groß-Mutter.
Joh: 15, 1-4.
Joh: 15, 5-8.

Handschriftlich ausgefüllt von Hanns Wullenweber, Lockstädt d. 24. Dez. 1809

Zeichner, Stecher, Verlag unbekannt

Gedruckt: Werthgeschätzte/ Aeltern/ Vereh/ rungvolles

Handschrift: Lob, durch dringt jetzt meine Glieder/ da ich die frohe Zeit durch Gott erlebe wieder/ Die Zeit, da Christus kam, nahm Fleisch und Blut an sich/ O, frohe Jubel Zeit mein Gott: deinen Ruhm besinge./ Mein Gott! Berstärke mich, auch in dem neuen Jahr:/ Mit Weisheit, Licht und Kraft, vor Sünden mich bewahr./ Laß mich zu Deiner Ehr und meuner Aeltern Freude/ Mein Leben führen so: damit ich ihrem Leide/ Hiedurch ganz hebe auf: wenn ich gehorsam bin/ Und recht bemühe mich zu folgen ihrem Sinn/ Sie werthste Aeltern! Sie Gott segne Ihr Geschäfte,/ Er schenk im neuen Jahr sie neue Lebens Kräfte,/ Er sey Ihr Heil und Trostt für Unfall Sie bewahr,/ Bis Er Sie führe hin, zur Auserwählten Schaar./ Gelobet sey mein Gott laß mich die Gnade hoffen,/ Schleuß deiner Gnaden Thür für meine Wünsche offen/ Beträue unser Land mit deiner Friedens Hand,/ So wird all Uebel je von uns durch dich gewandt./ dieses wünschet Ihr dankbarer/ Sohn Hanns Wullenweber/ Lockstädt d., 24. December/ Anno 1809

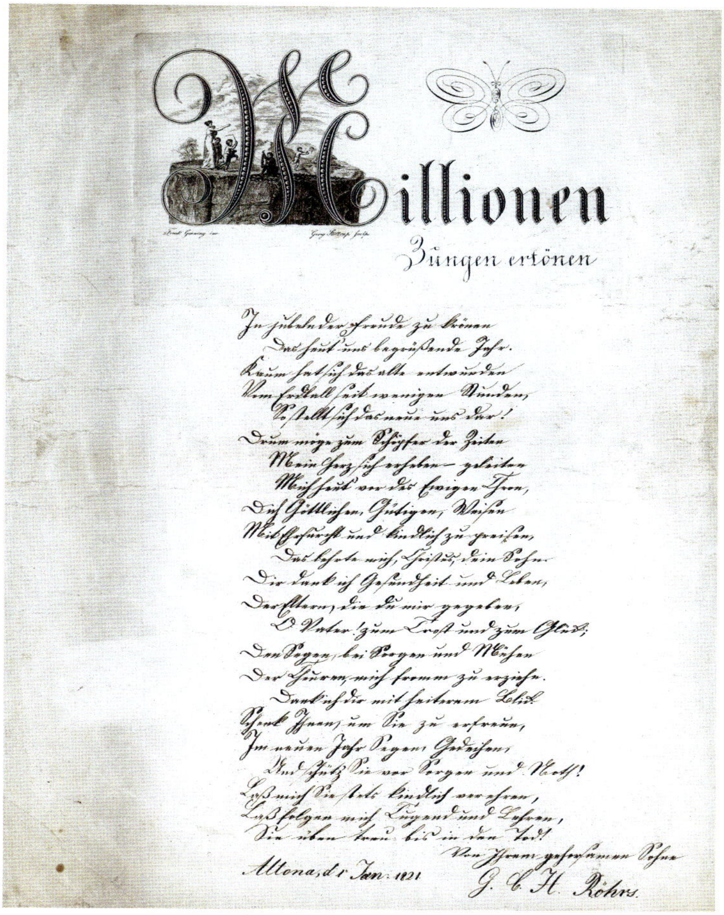

Zeichner: Friedrich Grüning. Verlag u. Stecher: Georg Stöttrup

Gedruckt:

Millionen
Zungen ertönen

Handschriftlich ausgefüllt von: G. C. H. Röhrs. / Altona, d. 1. Jan. 1821

In jubelnder Freude zu krönen/ Das heut uns begrüßende Jahr./ Kaum hat sich das alte entwunden/ Vom Erdball seit wenigen Stunden,/ So stellt sich das neue uns dar!/ Drum möge zum Schöpfer der Zeiten/ Mein Herz sich erheben – geleiten/ Mich heut vor den Ewigen Thron,/ Dich Göttlichen, Gütigen, Weisen/ Mit Erfurcht und kindlich zu preisen,/ Das lehrte mich Christus, dein Sohn./ Dir dank ich Gesundheit und Leben,/ Der Eltern die du mir gegeben,/ O Vater! Zum Trost und zum Glück;/ Den Segen, bei Sorgen und Mühen/ Der…, mich fromm zu erziehn./ Dank ich dir mit heiterem Blick./ Schenk Ihnen, um Sie zu erfreun,/ Im neuen Jahr Segens gedeihen,/ Und schütz Sie vor Sorgen und Noth!/ Laß mich Sein stets kindlich verehren,/ Laß folgern mich Tugend und Lehren,/ Sie üben treu bis in den Tod!/ Von ihrem gehorsamsten Sohne/ G. C. H. Röhrs./ Altona, d. 1. Jan: 1821/

Zeichnung und Lithografie von Peter Suhr, Hamburg

Gedruckt:
Unendlich
groß ist Gottes Huld und Gnade

Handschriftlich ausgefüllt von:
Matthias Bremer, Teufelsbrück, 24. Dez. 1830

Ein jeder Tag ist seiner Güte Bild.
Sein Segen schwebt ob unserm Pilgerpfade.
Sey denn, mein Herz von Lob und Dank erfüllt,
Bald ist ein Jahr in schnellem Lauf verschwunden,
.....
Doch Gottes Lieb verschönerte die Stunden,
Und keine blieb von seinen Gaben leer.
Ward nicht auch mir in meinem jungen Leben
des Guten Viel durch Gottes Huld gegeben!
Wer hat die theuren Eltern mir gegeben;
Die mich so treu geschützt, gepflegt, ernährt,
O, wie vermag ichs ihnen zu vergelten
Was sie an mir, Ihr schwaches Kind gethan;
Drum steigt mein Flehn hinauf zum Herrn der Welten,
Sein Segen leite Sie auf Ihrer Erdenbahn!
Dies wünscht von Herzen
Ihr Sie liebender Sohn
Teufelsbrücke den 24. Dec. Matthias Bremer 1830

Unendlich
groß ist Gottes Huld und Gnade.
Ein jeder Tag ist seiner Güte Bild
Sein Segen schwebt ob unserm Pilgerpfade
theuren Aeltern
Teufelsbrücke den 24 December 1830 Matthias Bremer
1821

Handschrift (auch Überschriften) von:
Latha v. Werner, Wulfsdorf, 25. Dez. 1841

Meine liebe theure Eltern
Möge Gott der Herr der Welten
Eure Liebe Euch Vergelten
Denn ich kann es nicht, bin
schwach und klein,
Werde ewig Euer Schuldner sein
Doch immer will durch Folgsamkeit,
Euch suchen zu erfreuen Eure
dankbare Tochter
Latha v. Werner Wulfsdorf, d. 25t Dez:, 1841.

Zeichner und Verlag unbekannt; kolorierter Stahlstich

Zeichner und Verlag unbekannt; kolorierte Lithografie

Druck: Innig ergreift mich/ mit kindlicher Wonne/

Handschrift: Ihre Tochter (Name unbekannt), Hamburg 1843

Heute des Festes hochheiligen Ruf./ Danket dem Himmel jetzt strahlt uns die Sonne/ Das göttliche Licht, das Jesus einst schuf,/ Und in des Festes beglückender Stunde/ Denk ich der Ältern, der Theuren, die früh/ Fromm schon mich weisten dem höheren Bunde,/ Zart mich stets pflegten, in Sorgen, in Müh!/ Dank dir, Altvater! Dein gütiges Walten/ Nehme die Theure in mächtige Hut;/ Trübt sie des nahenden Jahres Entfalten/ Hebe ihr Gottvertrauen tröstend den Muth/ Und mein Bestreben mein kindliches Wollen/ Ihnen verschönen den dornigen Pfad/ Ihnen stets Liebe durch Dankbarkeit zollen/ Sei nicht blos Wunsch mir sei wirkliche That./ Ihre/ Tochter/ Hamburg d 24 Dec 1843./

Zeichner und Verlag unbekannt. Kolorierte Lithografie, gleiches Blatt wie zuvor

Handschrift von: Joachim Voß, Othmarschen, 24. Dez. 1843, an die Eltern
Der Text muss nach gleichzeitig erworbener zugehöriger Vorlage abgeschrieben worden sein.

Weiteres gleiches Blatt im Altonaer Museum: ausgefüllt von Otto Schröder, Altona, 24. Dez. 1843

Zeichner und Lithograf: W. Heuer. Lithogr. Anstalt Julius Himmelheber, Hopfenmarkt 1, Hamburg

Vorderseite, Druck: Den geliebten Eltern zum Weihnachtsfeste gewidmet (Feld für handschriftliche Namen und Datum bleibt leer)

Innen, Handschrift von:
Auguste Flügge, Hamburg, 24. Dez. 1847

Theure Elter!
Es vergeht wohl kein Tag im Jahre, an welchem ich es nicht tief empfinde, was ich Euch geliebte Ältern, zu verdanken habe, und welch ein Glück es ist, daß ich euch noch besitze; aber besonders lebhaft fühle ich es in dieser festlichen Zeit. Der Jahreswechsel ruft mir all die Güte und Freundlichkeit, welche Ihr mir von meiner frühesten Kindheit an, bis zu dieser Stunde erwiesen habt, ins Gedächtnis zurück.
Der Allgütige wolle Euch daher in seinen allmächtigen Schutz nehmen, Euch vor Krankheiten und Leiden behüten und Euch mir noch viele Jahre in ungetrübtem Wohlsein erhalten! Mit diesen Wünschen verbinde ich noch das Versprechen, mich zu bestreben zu einem braven und geschickten Mädchen heranzureifen, welches ja gewiß Eure größte Freude ist. Dann kann ich hoffen, daß Ihr im neuen Jahre Eure Liebe nicht entzieht, sondern des Guten noch viel schenken werdet.
Eurer
dankbaren Tochter Auguste.
((Flüggen); von anderer Hand)), Hamburg,
d. 24. Dec. 1847.

Zeichner unbekannt. Verlag O. GT. Wurzbach Altona, Königstr. Lithografie

Druck: Durch alle Lande ist gedrungen

Handschrift von: August, 24. Dez. 1864

Das Lied von Bethlehems Gefild,
und das ist immer ausgesungen,
wie reich der ewge Frieden quillt,
und unsers Herzens Sehnen stillt.
Ich fühle heut in Deiner Liebe,
Wie freundlich unser Heiland ist
o, daß mein Herz mit frohem Triebe,
Wie es Dir dankt zu dieser Frist.
Auch liebte seinen Herrn und Christ!
Und dankbarer Liebe der theuren
Mama gewidmet
von
Ihrem Sohne August, d. 24 Dec. 1864.

Unikat. Handzeichnung, Feder in Tinte über Bleistift von unbekannter Hand, um 1870 ?

Wunschzettel mit materiellen Wünschen. Strahlenstern um ein Zentrum, darin Weihnachtswünsche auf den Strahlen, im Uhrzeigersinn:

Federhalter/ Chemisetten-Knöpfe/ Manchetten/ Schwarz-Beinkleid/ Winter-Weste/ Bücher-Bord (hängend)/ Hosenträger/ Cigarren/ Parfüm/ Lessings Werke/ Photographien von Kupfern/ Bleifedern/ Notiz-Buch Bleifedern/

Goldprägedruck mit eingeklebter Chromolithografie-Oblate

Handschriftlich ausgefüllt von: Elisabeth, 1898

Vorderseite:
Fröhliche Weihnachten
den lieben Eltern
von ihrer Tochter
24. 12. 98 Elisabeth.

Innenseite:
Dämmern naht die Christnacht wieder.
Bei der Glocken heil gem Schall
Steigen nun vom Himmel nieder
Gottes heil'ge Engel all!
Die Glocken Läuten,
Die Engel gleiten
Vom Himmel nun herab zur Erd!
Durch der Straßen froh Getriebe
Wollen sie auf leisem Fuß.
grüßen jedes Herz voll Liebe
Mit der Weihnacht Friedensgruß.
Die Glocken schallen,
Engel wallen
Nun durch die Lande überall.
Leise rauschen sie durchs Zimmer
Wo sich nun der Christbaum schmückt
Und in seiner Kerzen Schimmer
Still die Seele aufwärts blickt
Die Glocken klingen
Die Engel bringen
Leis dein Gebet zu Gott empor.

Liebes Christkindlein! 1900
Bringe mir bitte zu Weihnachten ~~eine~~ 2 Schachteln Soldaten, (1 d. u. 1. fr.) und das … Pferdchen zuerst da ist, und viele schöne andere Dinge aber vor allen Dingen eine Eisenbahn mit Lokomotive und Wagen von … Post. Bringe es mir bitte.

Reinhard Winter 1900

Versprechungen
Ich will auch immer artig sein, drum bringe mir es, was ich mir gewünscht habe! Und viele andere Dinge!!

Weihnachtsbrief an das liebe Christkindlein von … Firma J. Wegener, Puppen-Spielwaren Elberfeld, handschriftlich ausgefüllt von Reinhard Wüster, 1900

Prägedruck mit eingeklebter Chromolithografie-Oblate
Einfache Ausführung ohne Goldhöhung und ohne gedruckte Überschrift

Handschriftlich ausgefüllt von: Carl 1907

Weihnachtswunsch von
eurem dankbaren Sohn
Carl
Weihnachten 1907

Der gleiche Bogen mit Goldprägung:
Textdruck. Fröhliche Weihnachten

Ausgefüllt von: Siegfried 1904

Meinen lieben Eltern
zu Weihnachten
1904.

Innenseiten:
Weihnachtswunsch./1. Nun schallet weit/ und breit, Jubel,/ denn heil ger Weih-/ nachtstag ist heut,/ da Gott der Herr vom Him-/ melstron/ gesandt den eingeborenen Sohn./ 2. In der geweihten heil gen Nacht/ ist er zum heil gen Christ gemacht,/ kommt nun mit Gaben mancherlei/ und geht auch nicht an mir vorbei./ 3. Denn meine Eltern lieb und wert,/ die mir der liebe Gott beschert,/ die haben nun zur Weihnachtszeit/ mich wiederum so hoch erfreut./ 4. Und wenn ich nicht vergelten kannn/ das gut was sie mir getan,/ will ich doch immer dankbar sein/ und stets sie suchen zu erfreuen/ Euer Sohn Siegfried.

Weihnachtswunsch von
eurem dankbaren Sohn
Carl
Weihnachten 1907.

Verlag und Zeichner unbekannt. Federlithografie und Buchdruck
Text: Fröhliche Weihnachten wünscht

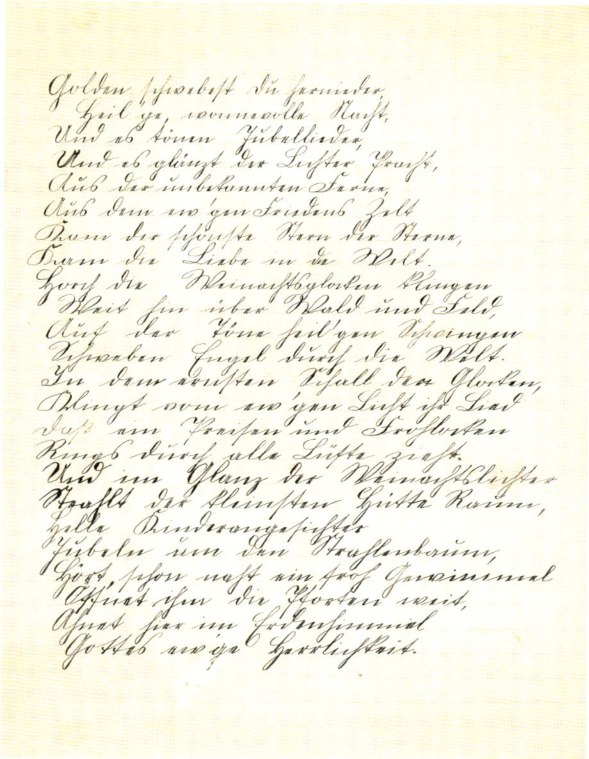
Golden schwebest du hernieder,
Heil'ge, wonnevolle Nacht,
Und es tönen Jubellieder,
Und es glänzt der Lichter Pracht,
Aus der unbekannten Ferne,
Aus dem ew'gen Friedens Zelt
Kam der schönste Stern der Sterne,
Kam die Liebe in die Welt.
Horch die Weihnachtsglocken klingen
Weit hin über Wald und Feld,
Auf der Töne heil'gen Schwingen
Schweben Engel durch die Welt.
In dem ersten Schall der Glocken,
Klingt vom ew'gen Licht ihr Lied
daß ein Preisen und Frohlocken
Rings durch alle Lüfte zieht.
Und im Glanz der Weihnachtslichter
Strahlt der kleinsten Hütte Raum,
Helle Kinderangesichter
Jubeln um den Strahlenbaum,
Hört, schon naht ein froh Gewimmel
Öffnet ihm die Pforten weit,
Ahnet hier im Erdenhimmel
Gottes ew'ge Herrlichkeit.

Handschriftlich ausgefüllt von: Martha 1902: Eure/ dankbare Tochter/ Martha./ 1907

Innenseite:
Golden schwebest du hernieder,/ Heil'ge wonnevolle Nacht,/ Und es tönen Jubellieder,/ Und es glänzt der Lichter Pracht,/ Aus der unbekannten Ferne,/ Aus dem ew'gen Friedens Zelt/ Kam der schönste Stern der Sterne, Kam die Liebe in die Welt./ Horch die Weihnachtsglocken klingen/ Weit hin über Wald und Feld,/ Auf der Töne heil'gen Schwingen schweben Engel durch die Welt. In dem ersten Schall der Glocken, Klingt vom ew'gen Licht ihr Lied/ daß ein Preisen und Frohlocken/ Rings durch alle Lüfte zieht./ Und im Glanz der Weihnachtslichter/ Strahlt der kleinsten Hütte Raum,/ Helle Kinderangesichter/ Jubeln um den Strahlenbaum, Hört, schon naht ein froh Gewimmel/ Öffnet ihm die Pforten weit,/ Ahnet hier im Erdenhimmel/ Gottes ew'ge Herrlichkeit.

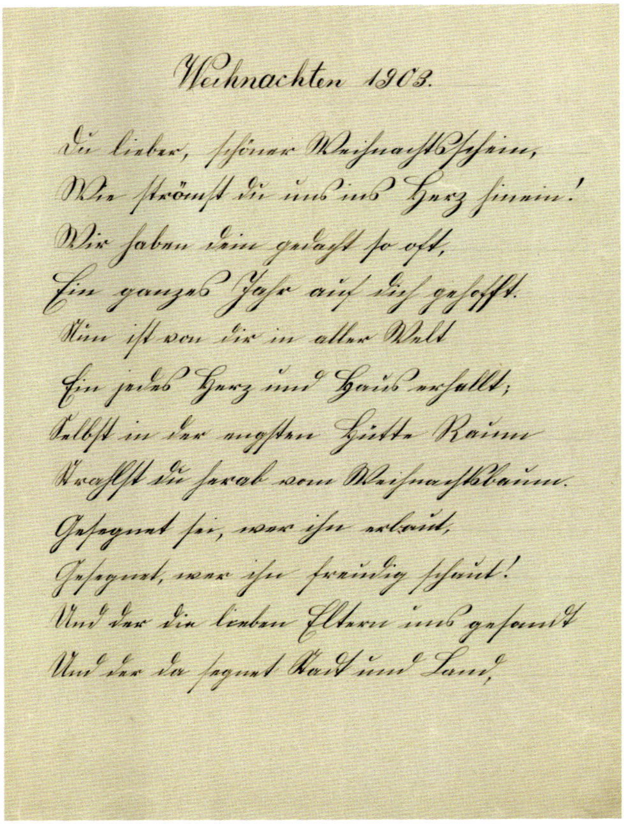
Weihnachten 1903.
Du lieber, schöner Weihnachtsschein,
Wie strömst du uns ins Herz hinein!
Wir haben dein gedacht so oft,
Ein ganzes Jahr auf dich gehofft.
Nun ist von dir in aller Welt
Ein jedes Herz und Haus erhellt;
Selbst in der engsten Hütte Raum
Strahlst du herab vom Weihnachtsbaum.
Gesegnet sei, wer ihn erbaut,
Gesegnet, wer ihn freudig schaut!
Und der die lieben Eltern uns gesandt
Und der da segnet Stadt und Land,

Zeichner und Verlag unbekannt. Farblitografie

Textdruck Vorderseite: Stille Nacht, heil'ge Nacht./ Vom/ Himmel hoch/ da komm ich her.

Innenseiten, handschriftlich von: Hanni, 1903

Weihnachten 1903.
Du lieber, schöner Weihnachtsschein,
Wie strömst du uns ins Herz hinein!
Wir haben dein gedacht so oft,
Ein ganzes Jahr auf dich gehofft.
Nun ist von dir in aller Welt
Ein jedes Herz und Haus erhellt;
Selbst in der engsten Hütte Raum
Strahlst du herab vom Weihnachtsbaum.
gesegnet sei, wer ihn erbaut,
gesegnet, wer ihn freudig schaut!
Und der die lieben Eltern uns gesandt
Und der da segnet Stadt und Land,
Der Baum und Früchte wachsen ließ,
In Kunst die Menschen unterwies,
Den guten Gott, der alles gibt,
Als Vater alle Menschen liebt,
Den Lenker in den Sternen droben,
Den woll n wir Kinder dankend loben.
Meinem lieben Vater
zur Erinnerung
an seine liebe Hanni.

Stille Nacht, heil'ge Nacht.
Vom
Himmel · hoch
da · komm · ich · her.
P. Sch.
Verlag von Ferd. Asheim, Berlin.

Signatur innen handschriftlich 24. 12. 09 „Meinen lieben Eltern von ihrer Margarete"

Innenseiten, handschriftlich:

Was klingt wie Festgeläute/ durch unser aller Herz?/ Was blickt so fröhlich heute/das Auge himmelwärts?/ die Weihnacht ist gekommen,/ die stille, heilge Nacht, die hat hinweggenommen,/ was uns so traurig macht./ Wir denken heut mit Wonne/ Nur an den heil' gen Christ, der einst als Lebenssonne/ uns aufgegangen ist./ Wir denken an sein Lieben,/ das ihn vom Himmelthron In diese Welt getrieben als armen Menschensohn./ Es trägt des Windes Flügel/ der Engel Lobgesang/ die mondbeglänzten Hügel von Bethlehem entlang./ Wir lauschen diesen Klängen/ Und stimmen, Groß und Klein/ Mit unsern Lobgesängen/ In ihre Lieder ein./ Hoch sei du erhoben,/ du lieber Heiland du, Mit Danken und mit Loben,/ Mit Harfenspiel dazu./ Gleich jenen Hirten treten/ Wir froh zu dir heran/ Und beugen uns und beten/ Als unsern Herrn dich an./ Noch bitten wir dies Eine. O werd es uns beschert!/ Denn nichts, wie groß es scheine,/ Ist so der Bitte wert./ Zu unsres Herzens Thron/ Zieh, lieber Himmel, ein,/ Werd auch in uns geboren! Denn wir sind ewig dein.

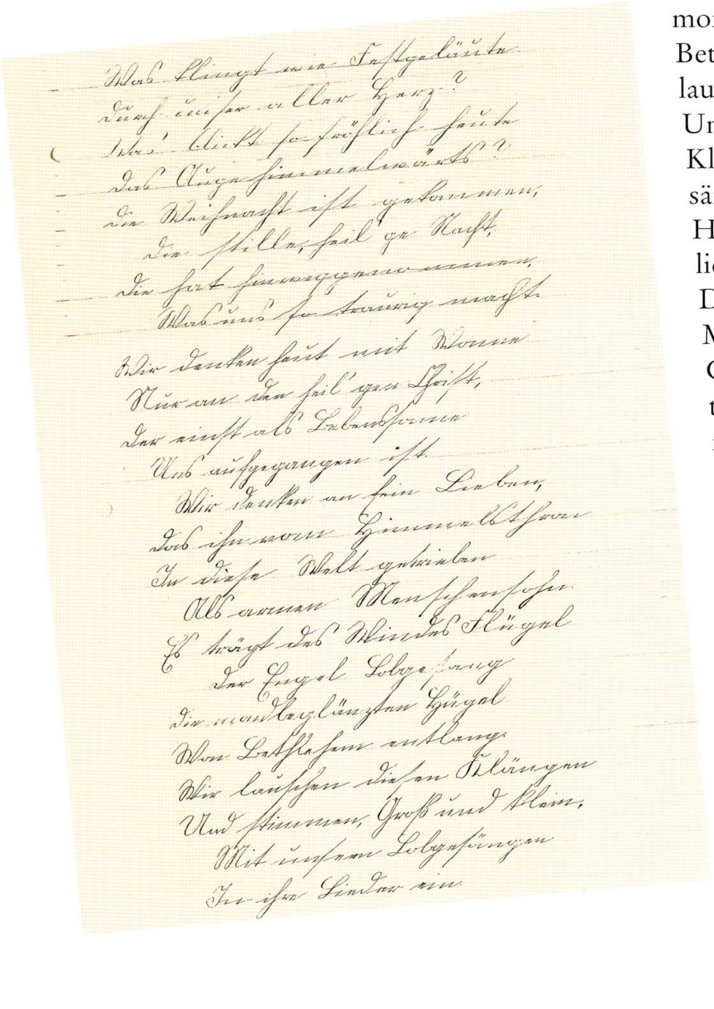
Was klingt wie Festgeläute
durch unser aller Herz?
Was blickt so fröhlich heute
das Auge himmelwärts?
die Weihnacht ist gekommen,
die stille, heil'ge Nacht,
die hat hinweggenommen,
Was uns so traurig macht.
Wir denken heut mit Wonne
Nur an den heil'gen Christ,
der einst als Lebenssonne
Uns aufgegangen ist.
Wir denken an sein Lieben,
das ihn vom Himmelsthron
In diese Welt getrieben
Als armen Menschensohn.
Es trägt des Windes Flügel
der Engel Lobgesang
die mondbeglänzten Hügel
Von Bethlehem entlang.
Wir lauschen diesen Klängen
Und stimmen, Groß und Klein,
Mit unsern Lobgesängen
In ihre Lieder ein

Zeichner und Verlag unbekannt. Papier geprägt mit geprägtem Eindruck „Fröhliche Weihnachten“ und Oblate verziert.

Wunschzettel
für das liebe Christkind

Wunschzettel mit materiellen Gabenwünschen. Verwendet von verschiedenen Händlern, u. a. Moritz Gerwig, Pforzheim. Zeichner unbekannt, Verlag EAP. Lithografie

Druck: Wunschzettel für das liebe Christkind
Handschriftlich: Herbert Wolff, Hohenzollernstraße 81
1.) 3. Güterwagen
2.) 1. Lokomotive
3.) 1. Drehbahn
4.) 1. Eisenbahnhalle
5.) 2. Prellböcke
6.) 5. Schienen
7.) 1. Kasperltheater

Den gleichen gedruckten Wunschzettel verwendet Alf Meyer zum Gottesberge im Jahr 1916 und wünscht sich:
Text: vom lieben Christkind wünsche ich mir zu Weihnachten
1.) Hindenburg als Soldat und Soldaten.
2.) Mundharmonika
3.) Frieden
4.) Kalender für das Jahr 1917
5.) Spiel für Ruth und mich
6.) Kalender für „Evangelische Geistliche"

Wunsch-Zettel.
Für Weihnachten 1916.
Vom lieben Christkind wünsche ich mir zu Weihnachten
1. Hindenburg als Soldat und Soldaten
2. Mundharmonika
3. Frieden
4. Kalender für das Jahr 1917.
5. Spiel für Ruth und mich
6. Kalender für Evangelische Geistliche.
7.
8.
9.
Geschrieben von: Alf Meyer zum Gottesberge

Druck: Wunschzettel für das liebe Christkind

Handschriftlich von: Ruth Meyer zum Gottesberge (Alfs Schwester) 1916

Text: Vom lieben Christkind wünsche ich mir zu Weihnachten:
1.) Babikasten
2.) Frieden
3.) Kalender mit kleinem Bild
4.) Lesezeichen Kreuze mit Sprüchen
5.) Spiel für Alf und mich
6.) Spizzenbuch
7.) Bitte, einen Tannenbaum
8.) Kerzen

Wunschzettel mit materiellen Gabenwünschen. Formblatt aus dem Schreibwarenhandel

Zeichner unbekannt, Verlag EAP. Lithografie

„Wunschzettel an den Weihnachtsmann“, handschriftlich auf Kinderbriefpapier um 1930

Umschlag verziert mit einem Kleeblatt aus gestanztem Goldpapier

Berlin, den 18. Nov.

Lieber Weihnachtsmann!
Ich wünsche mir

1. die Puppenstube
2. eine neue Puppe
3. ein Reklame Album
4. ein klassisches Vergißmeinnicht
5. 1001 Nacht
6. Heidefriedel
7. dat Enkelhaus
8. Gullivers Abenteuer
9. Briefpapier
10. den Kasten mit der Kinderschule.

Herzliche Grüße
Hilde Genetzky

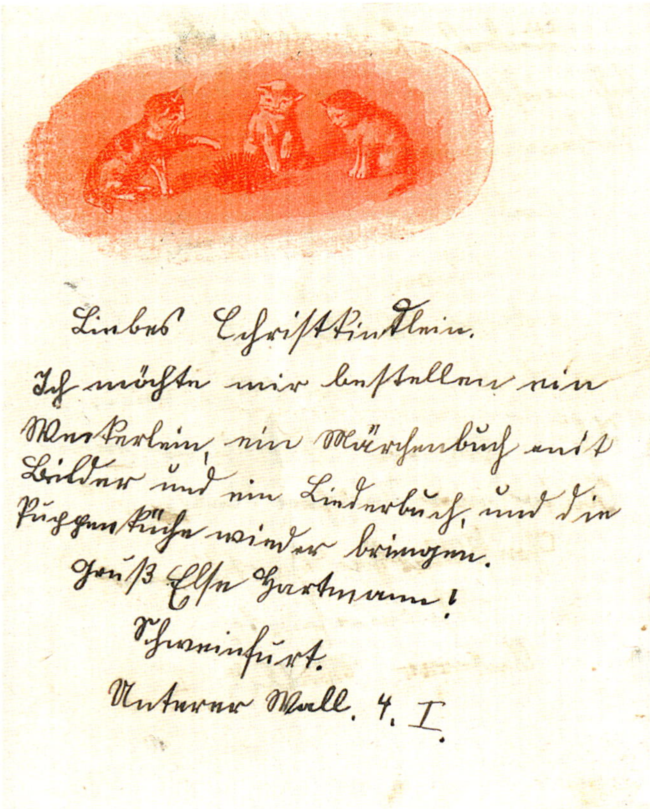

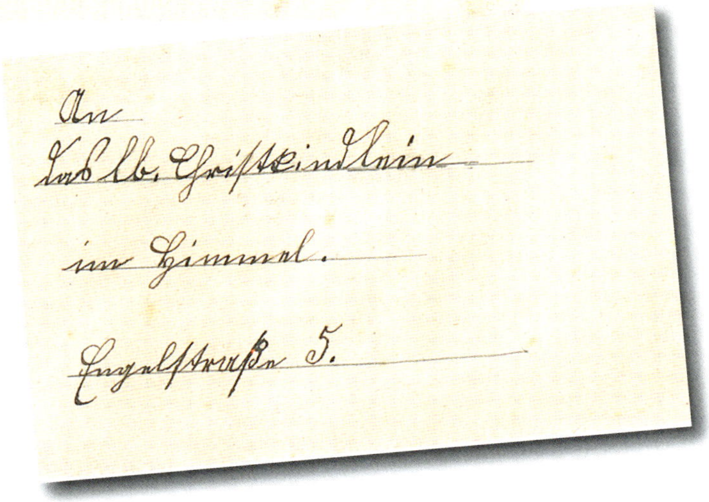

Wunschzettel

Liebes Christkindlein. Ich möchte mir bestellen ein Weckerlein, ein Märchenbuch mit Bilder und ein Liederbuch, und die Puppenküche wieder bringen.
Gruß Else Horstmann!
Schweinfurt.
Unterer Wall. 4. I.

Umschlag
An das lb. Christkindlein
im Himmel.
Engelstraße 5.

(um 1930)

Wünsche mit
Umschlag und
Genehmigung, 1935

Text:
Liebes Christkind!
Ich wünsche mir:

1 Aal
5 Gebind Wolle
Lachs – Rot –
grün – rosa – weiß
alle Wolle mit Silberfaden
1 Paar Überschuhe
1 Paar Handschuhe
1 ein Holzschieferkasten
1 Schachtel Mico
FARBstifte mit 24
St. einschl. Gold &
Silber ca. 95–100
oder 100 10 Pf teurer sind sie bestimmt nicht.
1 Zitter m. Notenunterlage ca. 21 RM

Elfriede Hötzel
Dresden Saarstr. 43

Vermerk:
Zum Teil
genehmigt, Vati

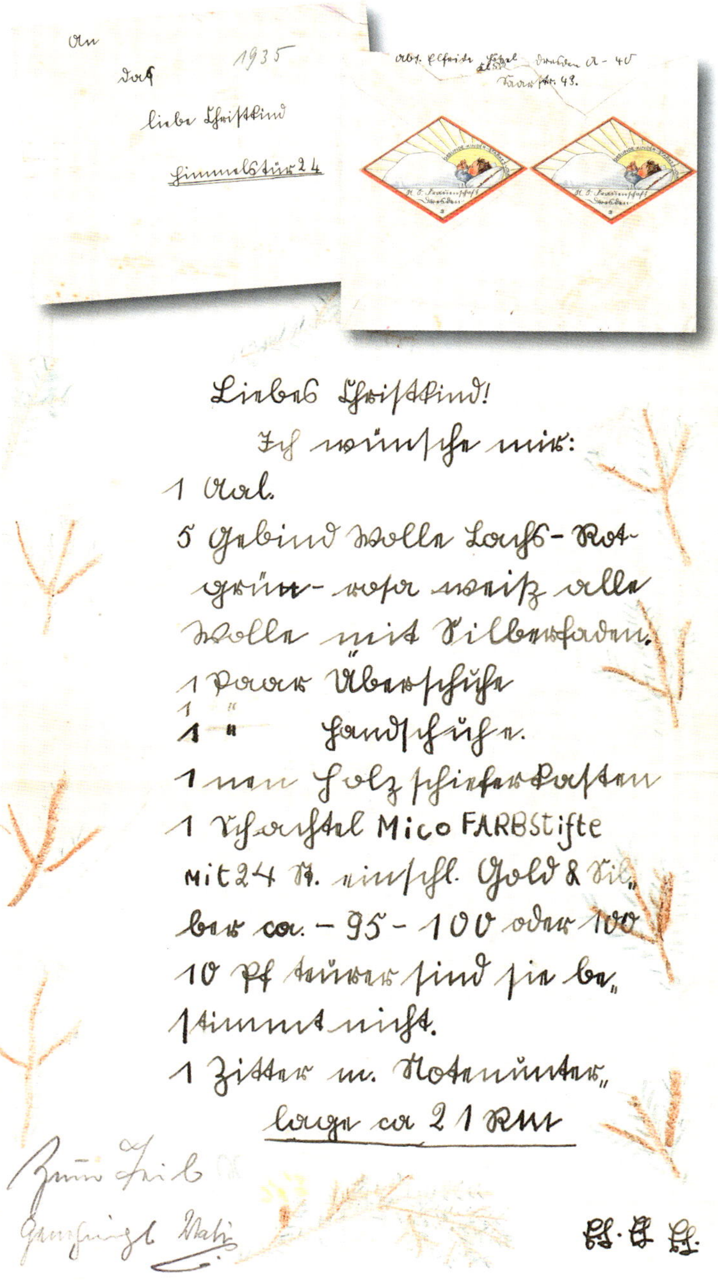

Handschriftlicher Wunschzettel von Gundel Martensen, um 1936/37

Text:
Lieber Weihnachtsmann
ich wünsche mir ein Rad, eine Teufels-
mütze, eine Kinderpost, eine Federtasche
mit Federdose, Bleistift, Lineal, Federn,

bitte umdrehen
Federhalter, Tintenwischer,
Jungmädeltracht, Rol(l)schuh,
Schlit(t)schuh, eine Garnitur
für meine Babipuppe,
Schlitten.

Gundel Martensen

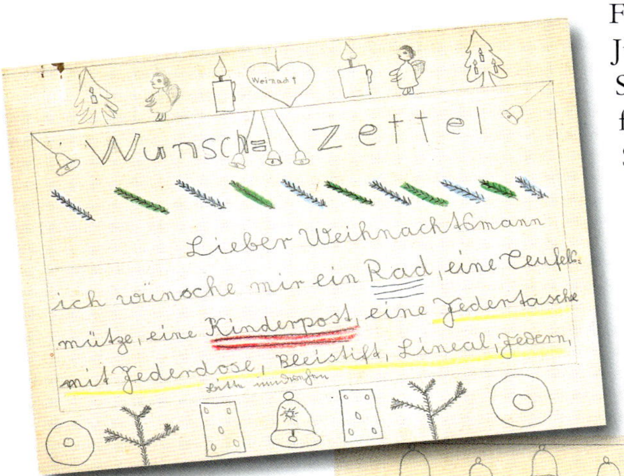

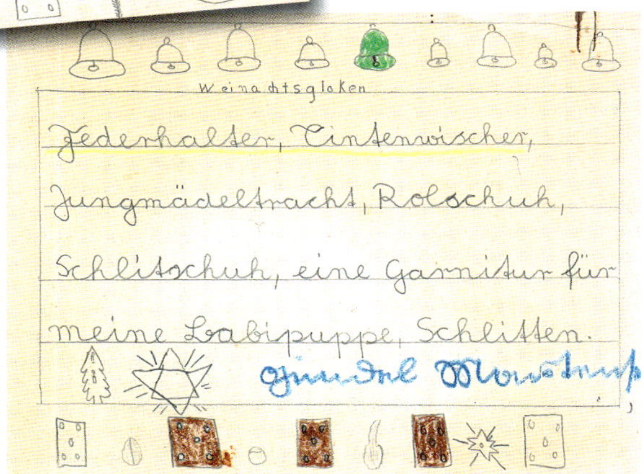

Außen: An das Chretkind
Handschriftlicher Wunschzettel Bernd Ludwig, München, 19. 12. 1945

Text: Liebes Christkind. Du möchtest es nicht vergessen, dass ich in München wohne.
Bring mir bitte 1. ein Holzauto, wenn es geht mit 2 Anhängern
2. Und ein Rar Kekschen bitte
3. Ein bisschen Malpapier und Buntstifte
4. und noch etwas zum Spielen von den Engelchen
Bernd Ludwig

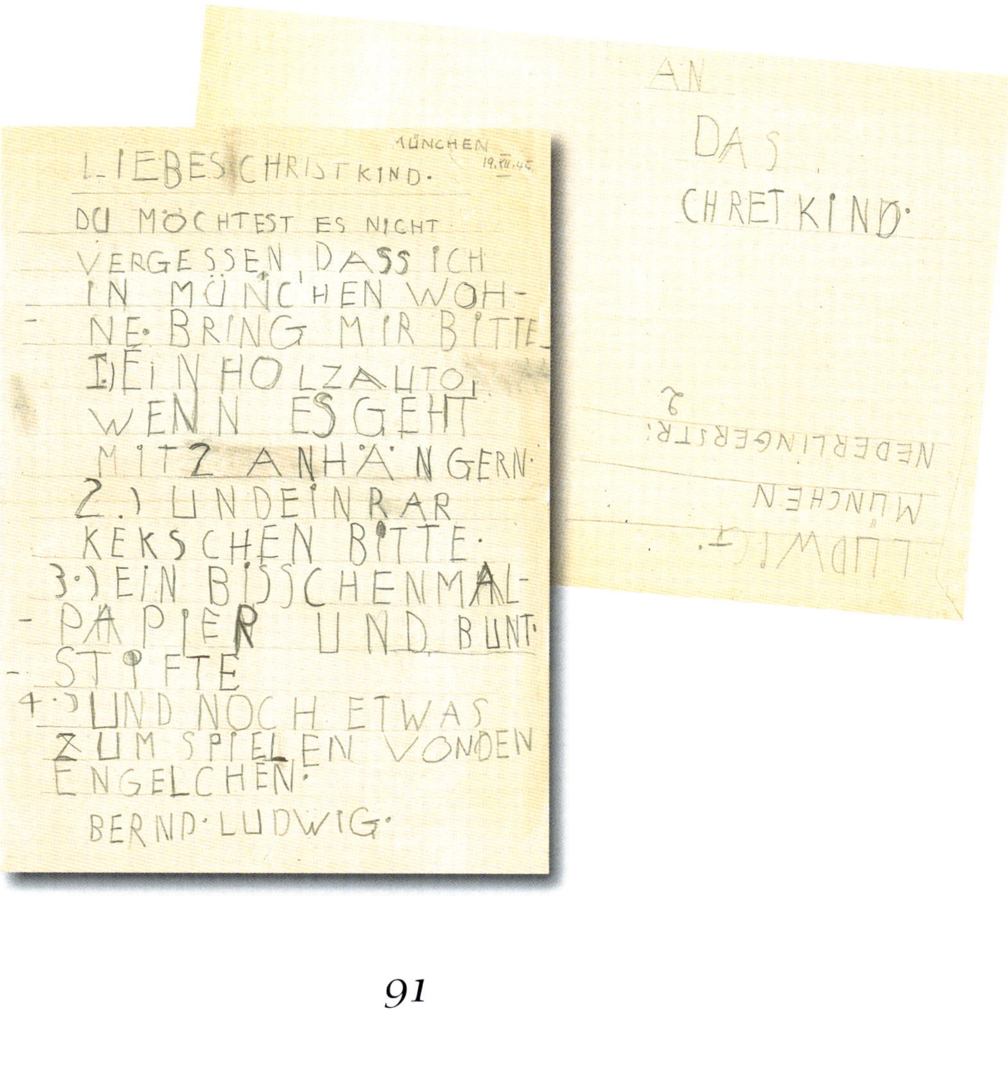
MÜNCHEN 19.XII.45
LIEBES CHRISTKIND.
DU MÖCHTEST ES NICHT
VERGESSEN, DASS ICH
IN MÜNCHEN WOH-
NE. BRING MIR BITTE
1.) EIN HOLZAUTO,
WENN ES GEHT
MIT 2 ANHÄNGERN.
2.) UND EIN RAR
KEKSCHEN BITTE.
3.) EIN BISSCHEN MAL-
PAPIER UND BUNT-
STIFTE
4.) UND NOCH ETWAS
ZUM SPIELEN VON DEN
ENGELCHEN.
BERND LUDWIG.

AN
DAS
CHRETKIND.

LUDWIG.
MÜNCHEN
NEDERLINGERSTR. 2

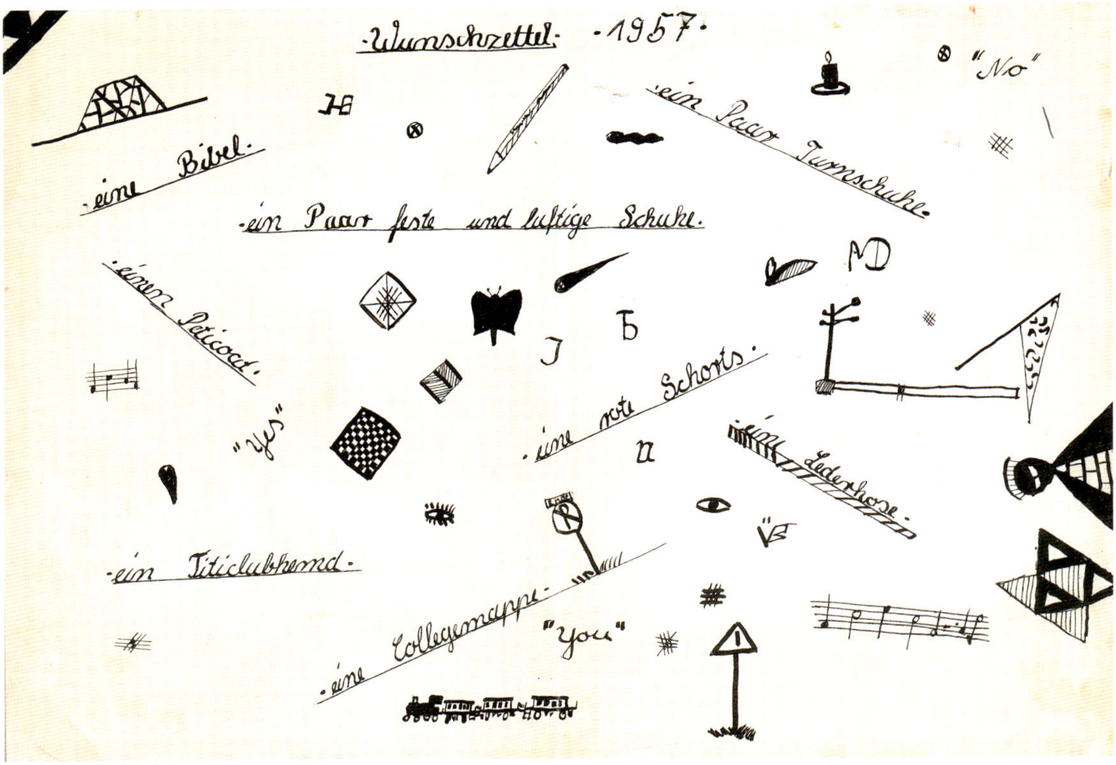

Handschriftlicher Wunschzettel mit Tinte geschrieben 1957
ohne Namen

Text:
Wunschzettel 1957
eine Bibel,
ein Paar Turnschuhe,
ein Paar feste und luftige Schuhe,
einen Peticoat,
eine rote Schorts,
eine Lederhose,
ein Titiclubhemd,
eine Collegemappe

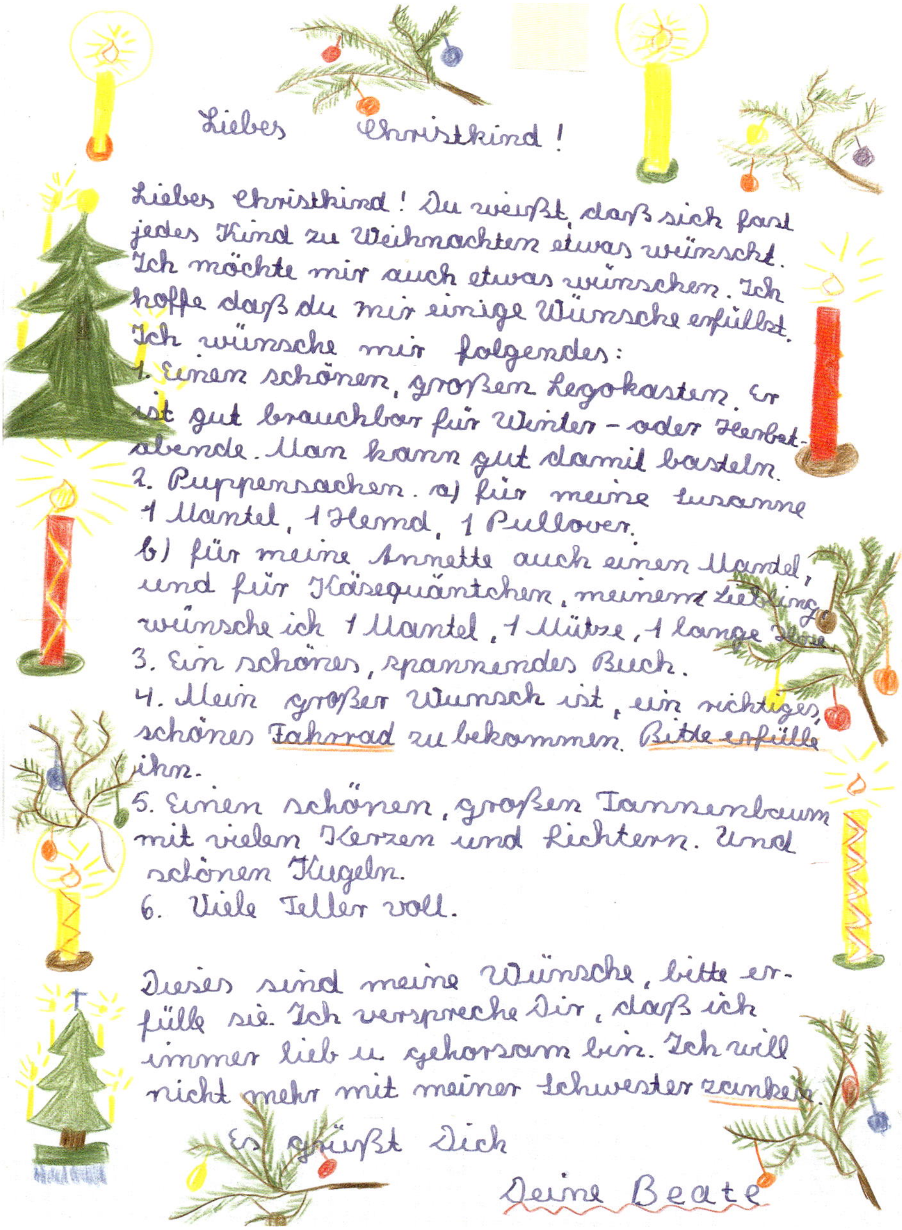

Liebes Christkind!

Liebes Christkind! Du weißt, daß sich fast jedes Kind zu Weihnachten etwas wünscht. Ich möchte mir auch etwas wünschen. Ich hoffe daß du mir einige Wünsche erfüllst. Ich wünsche mir folgendes:

1. Einen schönen, großen Legokasten. Er ist gut brauchbar für Winter- oder Herbstabende. Man kann gut damit basteln.
2. Puppensachen. a) für meine Susanne 1 Mantel, 1 Hemd, 1 Pullover.
b) für meine Annette auch einen Mantel, und für Käsequäntchen, meinem Liebling, wünsche ich 1 Mantel, 1 Mütze, 1 lange Hose.
3. Ein schönes, spannendes Buch.
4. Mein großer Wunsch ist, ein richtiges, schönes Fahrrad zu bekommen. Bitte erfülle ihn.
5. Einen schönen, großen Tannenbaum mit vielen Kerzen und Lichtern. Und schönen Kugeln.
6. Viele Teller voll.

Dieses sind meine Wünsche, bitte erfülle sie. Ich verspreche Dir, daß ich immer lieb u. gehorsam bin. Ich will nicht mehr mit meiner Schwester zanken.

Es grüßt Dich

Deine Beate

Wunschzettel ca. 1960

Verzeichnis verwendeter und weiterführender Literatur

Bremen 1967: Alte Bremer Neujahrswünsche. Ausstellung Focke Museum 1967/68 (Hefte des Focke Museums 16) Bremen 1967

Boesch 1894: Boesch, Heinz: Die Vorläufer unserer Neujahrskarten. In: Die Gartenlaube 1894, S.882–884

Forrer 1899: Forrer, Robert: Alte und moderne Neujahrswünsche und ihre künstlerische Wiedergeburt. In: Zs. f. Bücherfreunde 3/1899/1900, S. 369–386

Goos 1984: Goos, Berend: Jugenderinnerungen. In: Eckart Kleßmann, Kleines Hamburger Weihnachtsbuch, Hamburg 1984, S. 17–23

Hunnius 1927: Hunnius, Monika: Meine Weihnachten Heilbronn 1927

Jung o. J: Jung, Frieda: O du selige. Als wir noch Weihnachtswünsche schrieben. In: Ruth Geede (ed.): Die Weihnachtsfamilie, o. O. u. J.

Jung, o.J.: Jung, Frieda: Im Advent. In: Weihnachtsland. Weihnachtserzählungen Märchen und Erlebnisse, Berlin o.J.

Kaufmann 1978: Kaufmann, Gerhard: Glückwünsche auf Postkarten, Katalog Altonaer Museum, Hamburg 1978

Niese 1897: Niese, Charlotte: Aus dänischer Zeit. Bilder und Skizzen, Leipzig 2/1897

Seeliger 1988: Seeliger, Astrid: Glückwunschkarten des späten 18. Jh. unter besonderer Berücksichtigung der Neujahrsglückwünsche. M.A. Göttingen 1988

Sudermann 1922: Sudermann, Hermann: Das Bilderbuch meiner Jugend, Stuttgart u. Berlin 1922

Wiswe 1978: Wiswe, Mechthild: Fröhliche Weihnachten – Prosit Neujahr! Glück- und Segenswünsche im Braunschweigischen. (Braunschweigisches Landesmuseum) Braunschweig 1978

Wohlfart 1991: Wohlfart, Roland: Der braven Kinder Weihnachtswünsche. Weihnachtsglückwunschbriefe des 19. und 20. Jahrhunderts, Berlin 1991

Wulff 1870: Wulff, Margarethe (= A. Stein): 200 Sonntage oder Tagebuch dreier Kinder, Berlin o. J. (um 1870)

Zur Westen 1917: Zur Westen: Zur Geschichte der Glückwunschkarte. In: Exlibris, Buchkunst und angewandte Graphik 27/1917, S. 87–97; 28 /1918, S.1–11

Inhalt